紙1枚からはじめる夢のかなえ方

「書くだけ」「見るだけ」で幸せになれる魔法の習慣

「傾聴の学校」主宰
神戸正博

廣済堂出版

「将来への不安から解放されたい」

「借り物でない本当の夢に出会いたい」

「もっと自分を好きになりたい・肯定したい」

「これ以上、お金・時間・他人の目に悩みたくない」

「自分の隠された才能・可能性を知りたい」

「面倒な努力なしで、大きな成果を出したい」

「心からわかりあえるメンター・仲間・伴侶《はんりょ》・恋人がほしい」

「もっと、望む現実を引き寄せたい」

「これまでの自己啓発・ライフハックにない方法を知りたい」

「ドラマや漫画の主人公のような人生をおくりたい」

本書は、こんな悩み・願望を持っている人のための本です。

まえがき

カウンセラー活動を10年、心を研究しはじめて40年が経ちました。
この間、多くの悩みを抱えている方と対話し、悩みを傾聴し続けてきました。

「息子が不登校なんです」
「仕事がうまくいかない」
「年収がまったくあがらない」
「自分の才能がわからない」
「自信がなくて何にもチャレンジができません」

悩みと接していくと、人の奥底にある欲や渇望と出会っていきます。そこで私は、すべての問題があっという間にクリアすることができる「鍵」の存在に気がつきました。

その鍵は**「感情」**。

感情のコントロールができれば、だれもが悩みから解放され、大好きな人と一緒に、大好きなことを行い、大好きなことに時間を使えるということに。


ここまで聞くと心を学んでいる方にとったら「何を当たり前のことを言っているの?」と思われるかもしれません。

しかし、感情をコントロールすればいいことは知っているけれども、コントロールできている方はとても少ないものです。

よくある、「悩みを捨てる」だったり「ネガティブを解放する」などのネガティブコントロールを試みたけれども、なかなかうまくいかない人も多いのではないでしょうか?


本書でお伝えするのは、**難しいものではなく単純明快でだれもがあっという間に「自分らしい『大好きな人生』」を生み出すことができるもの**となっています。

あなたは、本書でお伝えすることを実践した後に、この言葉が自然と出ていることでしょう。

「どうせ、私の人生はうまくいく」

私の20代は、例えるなら、常に厚い雲に覆われた、限りなく黒に近いグレーの世界でした。新卒で入った会社を退職するはめになり、収入は0《ゼロ》。家賃も払えず、家には年金や税金の督促状が届き、結婚はしていましたが当時の妻との仲も冷え切っていました。

まさに、人生のどん底。退職後、給付金目的で簿記の専門学校へ行くことになりましたが「こんなどん底のまま人生が終わるのか?」と心が日々、不安で蝕《むしば》まれるような環境。

職業訓練所に行く気力もない中で、私は六畳一間で、特に予定も書かれていない手帳と向き合っていました。「どうすれば、人生は好転するのか?」「だれか、救ってくれる人はいないかな?」。淡い期待ばかり感じていました。

現実は、漫画のようなメンターもヒーローも、才能が覚醒《かくせい》するイベントも一向に現れません。気づけば、28歳になっていたのです。

そのときの頭の中の独り言は「どうせ、俺なんか何をやってもうまくいかない」

という言葉でした。

お金もなく、食べるものといえば1食80グラムの白米と50個３００円の焼売5個を待ち望む食生活。


「豊かな生活をおくりたい！」

「お金に心配のいらない生活がほしい！」

「外食を自由にできるようにしたい！」

「どうしたらいい？　お願い、神様教えてください！」


孤独でした。

失業中であり、家族とのコミュニケーションもなく、友達とも心の距離がある中で、相談できる人もいません。

あるとき、不安の沸点が臨界点を超えた私は、だれにも言えない溢《あふ》れる思いや感情を手帳の空きスペースに書き殴りはじめたのです。

自分に問い、感情の探索《たんさく》をはじめました。

「どんな人生にしたいの？」
「何を望んでいるの？」
「これから、何をしていきたいの？」
「だれと一緒にいたいの？」

そして、ついに、私は理想の楽しい人生を生むための必要な質問を発見しました。隠された力を引き出す大切な質問を。それが……、

「私らしく大満足できる『大好きな人生』とは何？」

という質問。ここから自分の本心への傾聴がはじまりました。

この質問で私の人生に革命が起きました。お金もない、人脈も経験も才能も何もかもがないと思っていた自分に、考えるだけでワクワクするような、人生が豊かになるインスピレーションが降りてきたのです。

「つらい経験を活かして心の癒しのお役に立ちたい」

「逆境の中、学び実践してきた夢実現法を人に伝えたい」
「手帳に書くだけで感情をコントロールする方法を、必要な人に伝授したい」

そのワクワクするインスピレーションを私は実行に移しました。まず、講師・カウンセラーとして活動をはじめると、次々と新しい現実が目の前に現れはじめました。

たとえば……、

●講師本格デビュー1年目で、3000名規模の講演イベントに登壇
●のべ1万人の顧客にカウンセリングを実施し、約2000名のカウンセラーを育成
●理想のパートナー像36個中33個の希望を満たした女性と結ばれ、最愛の娘を授かる
●日本各地の超一流ホテルでカウンセリングをし、高輪のタワーマンション、葉山の海に近い自宅オフィスなどいつも最高に大好きと言える場所で仕事ができている

それまでの自分には想像できない**「生まれ変わってもこの人生を生きたい」と言える大満足な現実を手に入れる奇跡が起きた**のです！

難しいことは何もありません。奇跡の材料は、すべて自分の中にあります。ただ、それを見つけて、活用すればよいだけです。だれの許可も助けもいりません。

しかし、多くの方は、「自分自身」ではなく、「自分以外」のものに執心しています。外からの情報や評価に対応することだけに人生を使っています。その時間を少しでも、自分に向き合うことに使えば、人生はカンタンによくなるのに。

「人生をやり直したい」という相談は多いですが、多くの人がそもそも、いまだに自分の人生を生きていないのです。そのままでは「大満足」と言える人生は遠く感じてしまいますよね。

私は、一人でも多くの方に、自らが持っている「無限の可能性」に気づき、人生のスタートボタンを押してほしいと思っています。

だからこそ、セルフカウンセリング（一人でできるカウンセリング）を応用し、あなたを大満足な人生へと導く、2つの〝C〟と1つの〝D〟を伝えさせていただきます。

【ステップ1】Creation クリエイション（創造）
【ステップ2】Decoration デコレーション（飾り付け）
【ステップ3】Celebration セレブレーション（お祝い）

この3ステップを気軽に行うだけで、安全にワクワク楽しみながら、人生で注目すべき「大好きなこと」がわかります。そして、「大好きなこと」があなたの気分をポジティブに導き、ストレス耐性を上げていきます。今まで見えなかった人生の理想の風景が見えてきます。チャンスが舞い込みやすくなり、理想がどんどん形になっていきます。すると、青空に向かって叫びたくなるでしょう。

「私の人生は、どうせうまくいく！」

何が起きても大丈夫。未来をつくる材料は自分の中にあります。いつどんなときでも、新しい人生をはじめられるのです。「私の人生は、どうせうまくいく」という大きな安心感を持って、生きていけます。

本書は、こうした自分のカウンセリングを応用した、大満足な人生を生きるために必要なメソッドを1冊の本にまとめたものです。ここから少し内容を紹介しましょう。

第1章のテーマは、**「大好きなことに向かう意義」**です。

私が20代に経験したどん底と復活のストーリーを共有します。

そして、日々幸せを感じながら最短距離で大満足な人生に進むための最高の心理特性をご紹介します。なぜ、その心理特性に身を委《ゆだ》ねるだけで仕事もプライベートもうまくいくのか？　私の体験も踏まえてお伝えします。

第1章を読むだけでも、今後の人生の大きな軸《じく》ができるはずです。

第2章のテーマは、**「あなたの『大好き』を見つける方法」**です。

あなたは今の生き方や人間関係、仕事などを「大好き！」と言えますか？　大好きなものや人、そして時間があなたをより大満足な人生へと誘っていきます。

「ちょっと好みのもの」や「ほしいもの」はだれもがあります。でも、「大好き」

と言えるものにたどりつくには探索が欠かせません。では、どのように探索を行えばよいのでしょうか？　実は、だれもが一度は使ったことがある「手帳」をちょっと加工するだけで、楽しくワクワクしながら毎日行うことができるのです。認知科学のメカニズムに基づいた最強の方法をお伝えします。

第3章のテーマは、**「あなたの『大好き』をスムーズに現実にする方法」**です。何かをやるからには、できるだけ大きな成果をスムーズに手に入れたいですよね。そこで本章では、世界のトップインフルエンサーやアーティスト、実業家が実証済みの実現方法をお伝えします。

そのうえで、あなたの「過去」「現在」「未来」のすべてを無条件で全肯定できる究極の自己理解メソッドをお伝えします。人生の3大分野「お金」「健康」「人間関係」で生涯困らない人のマインドを手に入れることができますよ。

第4章のテーマは、**「環境を変え、これからずっと『大好き』に囲まれ生きていく方法」**です。

「よし！　これから自分も『大好き』なことに向かって生きよう」と誓っても、

気づけば元に戻ってしまうのが人間です。でも、これは意志の強さややる気の問題ではありません。あなたの人生の選択の9割をつくってきた「環境」の影響なのです。

そのために、メソッドを実践する前提である「空間」を整える方法をお伝えします。今のあなたのお部屋からはじめられ、楽しくワクワクしながら、あらゆる場所で応用していけるものです。第4章のメソッドを通して、これからずっと自分らしく、やりたいことをすべてやっていきましょう。

以上、全4章です。

私は、もともと高等専門学校卒で機械加工技術の仕事に就いていました。カウンセラーとしては異色の経歴です。そのため、何かを考えるときには「ものづくり」を意識しています。だれもが日常的に高い効果を再現できる仕組みに、とてもこだわっています。

本書も同じです。

❶私がカラダを張っての実証実験
❷11年間、受講生10万人の成長過程を研究
❸最新の心理学・認知科学のエビデンスの裏付け

そんなトピックばかりを集め、「自分らしい大好きな人生をつくる」ことにこだわりました。

この本は次のような方におすすめです。

●もっと心をラクに楽しく生きていきたい方
●コーチング・カウンセリング・セラピーで、一時的には癒やされても、根本的に人生が変わらなかった方
●やりたいことを我慢したくない方
●自分を好きになれず、いつも他の人と比べてしまう方
●ともに幸せになっていきたい、パートナー・親友・仲間がいる方
●伝統的な自己啓発の法則と、最新のハイパフォーマンス心理学の一番おいし

いところだけを知りたい方

せっかくの人生なのだから、**「自分らしい大好きな人生」を生きたい方すべてに、おすすめできる1冊**にしました。

各チャプターには、その場で考え実行できる【ワーク】を設けました。楽しみながら取り組むだけで、あなたの世界観が変わり、「大好きなこと」がはっきりし、大満足な人生に向かっていけるはずです。ぜひ、本書を通して、あなたの人生のスタートボタンを押してください。

それでは第1章でお会いしましょう。

本書の構成について

本書の目的は、あなたの「大好き」という軸を見つけ、どんなときでも、幸せを感じながら、望む成果を手に入れてもらうことです。

第1章では、日々幸せを感じながら、最短距離で夢をかなえるための最強の心理的特性である「好奇心」を、著者の人生経験と最新科学をもとに解説します。今後のあなたの人生の大きな軸ができます。

◆

第2章では、あなたの心の奥にある「大好き」を見つけていきます。使うのは、だれもが一度は使ったことのある手帳だけ。「引き寄せ」「願望実現」の科学的な仕組みも解説します。

◆

第3章では、見つけた「大好き」を現実化していきます。現在の成功者が共通して使っている〇〇〇（漢字3文字）という手法を通して、あなたの人生を全肯定しながら、望む分野で大きな成果をおさめていただきます。

◆

第4章では、これからずっと「大好き」を軸に生きていく方法をお伝えします。あなたの人生の選択の9割をつくってきた環境を活用します。今のあなたのお部屋からはじめられる超具体的な方法です。

「書くだけ」「見るだけ」で幸せになれる魔法の習慣◇目次

第2章 手帳を使って、いつでも「大好き」から刺激を受けよう

第3章　「宝地図」で、手帳をさらにグレードアップさせよう

第4章 大好きに向かうための「空間」をつくる

第1章

大好きに
向き合うだけで、
うまくいく

本書を通じて、あなたにお伝えしたいメッセージはたった1つです。本章では、さっそくそのメッセージをお伝えします。まずは、そこにいたるまでの神戸のストーリーを、科学的根拠を交えながらお聞きください。

1 神戸の人生を変えた、たった1つの問いかけ

「人生は我慢だ」。子どもの頃、いつも両親から言われてきた言葉です。その言葉は日常生活にも反映されていました。洋服も兄や姉のお下がりばかり。両親に訴えても「うちは貧乏だから」で一蹴《いっしゅう》されていました。ファッションに敏感になる中学生のときですら「いつの時代!?」という服を着ていました。唯一自分で選んで買ったジーンズは、今でも愛着感とともに憶えています。

ずっと息苦しさ・束縛感・イライラを抱えていました。そして、とにかく「自由」に憧れ、「ここではないどこかへ行きたい」という逃避の願望を抱えていたのです。

逃避の衝動が最初に爆発したのが、高校進学のときでした。家から徒歩9分のところに高校はありましたが、私はあえて自転車通学で50分かかる高等専門学校を選んだのです。理由は1つ、中学生時代にイジメを受けており、とにかく同級生が一人もいない場所に行きたかったから。別に将来の夢があったからではありません。


卒業後は、流されるまま、機械系である旋盤加工の仕事に就職しました。

しかし、入社して早々に上司のパワハラに遭います。「高専の卒業生でも、こんな落ちこぼれが生まれるんだな！」となじられたり、仕事の後の飲み会を何度も強要されたりしました。

私はお酒が飲めません。しかし、それを伝えると「俺の酒が飲めないのか！」と激昂《げきこう》されました。もちろん上司からすれば礼儀や同僚とのコミュニケーションの大切さを伝える愛のムチのつもりでしょう。でも、私はつらくて仕方がありませんでした。


仕事に打ち込めない私が生きる意味を求めたのが、当時結婚していた女性でした。一人になると寂しがる彼女との時間をもっとつくりたいあまり、休みが多い会社に転職を試みたほどです。

でもそんな姿勢は、彼女からすれば、ただただ不甲斐ないだけに見えたようです。家でもひどい言葉でなじられ、ときには暴力を振るわれる現実。結果的に二人の関係は、一緒にいた12年間、ずっと冷めきったままでした。


すっかり孤独になった私が逃げ込んだのが、オンラインゲームの世界でした。もともとゲームは小学生の頃から大好きで、やりすぎて親にファミコンを隠されたほどです。

当時プレイしていたオンラインゲームは夜11時から早朝4時までがレベルが上がりやすかったので、一晩中パソコンに張り付いていた時代も長かったです。当然、日中の仕事に支障をきたします。いつも寝不足からくる頭痛と戦いながら、昼休みの仮眠でごまかしていました。

ゲーム中では自分のキャラは万能で自由。でも、いくら時間を費やしても心は満たされず現実の不快感をごまかすだけで、もはや逃げ場所もなくなってきました。私は不安を刺激で紛らわせようと、パチンコにも手を出しました。

28歳のとき、さらなるどん底が待っていました。

きっかけは3ヶ月間の休みを取ったこと。休んでいた理由は「ぎっくり腰」でしたが、上司や同僚は「神戸はズル休みをしている」と噂をしていたのです。大きなショックを受けた私は、衝動的に退職届を出していました。

失業生活がはじまりました。お金もありませんが、やる気も出ません。彼女の手前、職業訓練に行くフリをして図書館で一日中ボーッとしていたり、外出しない日は自室で膝をかかえて一日をすごす日々のスタートです。


そんな無為な時間の中で、私は次第に哲学的なことを考えるようになります。

もとから「人間って何だろう？　何のために生きているのだろう？」と考えることが好きでした。きっかけは中学生の頃に読んだ2冊の本。『ソフィーの世界　哲学者からの不思議な手紙』（ヨースタイン・ゴルデル著）と『脳内革命　脳から出るホルモンが生き方を変える』（春山茂雄著）です。

人間はとても不思議な存在だけど、同時にあり方ややり方次第で自由に人生をコントロールできる。ある意味、私の人生の研究テーマをこの2冊の本は与えてくれました。

改めて問いました。「神戸正博は、何のために生きているのだろう?」。

振り返れば、ずっと我慢をしてきた人生。そこには、自分が我慢すれば相手が必ず報いてくれるという期待がありました。でも、よく考えれば、この期待は、自分が勝手に思い込んでいたものだったのです。それにも関わらず、私は報いてくれない親や上司や彼女に対して、どこか被害者意識を持っていました。

そんな不都合な真実に気づいたとたん、１つの問いが浮かんできました。

「自分が本当に大好きなことって何?」

ですが、いくらイメージしても、霧がかかったかのように何も浮かんできません。人間として大切な何かが欠落していると思い、愕然《がくぜん》としたのはいまだに記憶に色濃く残っています。

ちょうどその頃です。『この世で一番の奇跡』(オグ・マンディーノ著)という本の中で、次の一節に出会ったのは。

「神様は天使に与えていた選択する力を人間にも与えた。しかし人間は成功に続く階段を照らすろうそくを自分で吹き消してしまう、そして自己憐憫《れんびん》に陥《おちい》っている」

まさに自分のこと！　私は強く想いました。**「人を恨み自分を憐れんでいる場合じゃない！　ゼロから人生をやり直したい！」**と。そして、いてもたってもいられなくなり、今までの人生を覆す行動をとりはじめたのです。

その後、私は彼女と住んでいた家から飛び出しました。とにかくだれも自分を知らない土地に行きたかったのです。とはいえ、全財産は職業給付金として振り込まれた16万円。できることなんて限られていいます。行き着いた先は、埼玉県所沢市にあった一晩1000円のシャワー付きネットカフェでした。

私はそこでネット検索をし、あるメンタルヘルスの相談掲示板を見つけます。掲示板の参加者はみんな親切でした。私は思わず、今までの自分の境遇をすべて書き出して、相談を試みたのです。

すると、ハンドルネーム「おばはん」という方が、こんなアドバイスをしてくれました。

「もし私があなたのお母さんだとしたら、こんなときこそ頼ってほしい」と。

私は戸惑いました。両親を頼るなんてまったく選択肢になかったからです。厳しく真面目な親です。今の自分自身の姿なんて見せたくはありませんでした。「離婚なんてするなよ」という言葉ももらいたくない。頼りたいけど頼れない混乱の中、ただ私の両目から涙がこぼれてきたことを覚えています。

それから一週間後、恐る恐る実家のチャイムを鳴らしている私がいました。

恐れに反して迎えてくれた両親の対応はとても愛情深く暖かいものでした。そして、離婚することも実家に帰ることも「正博の好きなようにしていいんだよ」と言ってくれたのです。あのときから私は「だれかの心に貢献したい」という熱い思いが込み上げるようになりました。

実家を拠点としての再出発です。まずは彼女との結婚関係をしっかり精算し、再就職活動も行い、鉄道の金物設計の仕事に就くことができました。

そして、落ち着いた頃に、あの質問に再び向き合うようになりました。

「自分が本当に大好きなことって何？」

今度は不思議とワクワクしてきました。まるで「スーパーマリオ」でスターを取ったかのように、自由に恐れなく動きたくてたまらなくなったのです。

毎日考え、心に浮かんだことは遠慮なしに試していきました。ローラブレードを買って無邪気に遊んだり、秋葉原でパーツを買ってきて理想のハイスペックパソコンをつくったり、とにかく土手を歩いてみたり、縁もゆかりもないパーティーに参加したり、やったこともない読書会を主催したり、豪華客船アスカⅡに両親とともに乗船したり。

好きなことをするうちに、ふと未来を考えるようになりました。

「もし、自分に無限の可能性があるとしたら、どんな人生をすごせば後悔がないのか？」

その答えは今にも自殺しそうな過去の自分のような人の手助けをすること。私は、ネットの相談掲示板の「おばはん」の一言で人生が激変しました。その体験から、人の人生は一言で簡単に変わることを確信したのです。

受容され共感をされながら、胸に詰まった想いを安全に受け止めてもらえるだけでいいのです。でも残念ながら、多くの人は、周囲に話をじっくり聞いてくれる人すらいません。私にいたっては生きるか死ぬかの逃避行をするまでは、相談するチャレンジすら恐怖でできませんでした。

だったら、困っている人に対し、傾聴し人生を好転させることを仕事にすればよいのではないか？　これまで迷惑をかけてきた人への償《つぐな》いと恩返しにもなるはず！

こうして、私は「カウンセラー」という道を歩みはじめました。


一方で、私はこの頃から、週末は講演会やセミナーというものにも参加するようになりました。本当にやりたいことに毎日向かい合ううちに、次々と新しいことに興味が湧《わ》いてきたのです。そして、そこに登壇している「講師」という存在にとても憧れました。


あるとき、人気女性講師と講演後に話す機会を得ます。私はそこで気持ちがたかぶり、こう宣言していました。

「私も講師になって、人の心の平和に貢献したいです！」

今までの自分では考えられない大胆な発言。でも、その講師は決して笑わなかったのです。それどころか次のように言ってくれました。

「私たちみたいな講師は世界に絶対に必要なのよ！」

あのときの感動は今でも忘れません。


私はそこで未来を決めました。

「よし自分は『カウンセラー』と『講師』、両方をやって、多くの人に貢献する！」

ですが、職場の同僚にこの夢を語ったとき、「何もやってないお前が何を教えるんだよ」とからかわれ、心は傷つきましたが、まぎれもなく「大好きな」ことだったので他人に批判されても決心を変える理由にはなりませんでした。

それから半年後、私は「講師・カウンセラー　神戸正博」として独立しました。そして、今、このように本書であなたと出会えているわけです。

ワーク

改めて一度、あなた自身にも問いかけてみましょう。
「自分が本当に大好きなことって何？」
「大好き」があなたの中にブレない軸をつくり上げていきます。時間をとってその答えをノートや手帳に書き出していきましょう。

2 「好奇心」という最強の人間特性

私は今でも、このたった1つの質問（「自分が本当に大好きなことって何？」）を繰り返しています。カウンセラーとして相談者の悩みを傾聴するときも、講師としてお客様に語りかけるときも、その人自身の「本当に大好きなこと」に向き合ってもらい、それを意図して選択してもらうことをゴールにしています。

例えるならば、「本当に好きなこと」は太陽のようなものです。そこに向かっていくだけで、人生は明るくなります。人生の出来事が明瞭《めいりょう》に見えて、前に進んでいくことにワクワクします。夢をかなえる道筋もはっきりして、どんどんかなっていきます。

もちろん、こんな声もあるでしょう。

「好きなことばかりやってうまくいくほど、人生は甘くないよ」
「好きなことをやって成功できるのは、特別な人だけだよ」
でも私はこうお返しします。
「本当に好きなことをしないでうまくいくほど、人生は甘くないですよ！」
なぜならば、「大好きなことに向かっていく」姿勢は、科学的にみても、人間のパワーを最も引き出してくれるからです。

「大好きなことに向かっていく」姿勢は、心理学的には**「好奇心」**という特性で表現されます（「好奇心」は「大【好】きに【寄】っていく【心】」と書きますよね）。

好奇心については、近年重要な研究がされています。

代表的なのが、ジョージ・メイソン大学のトッド・ガシュタインらの２０１４年の研究です。研究チームは、「最も目標（夢）の達成に役立ち、しかも最も長く幸せを感じさせてくれる人間の特性」について、世界40ヶ国を舞台に1年間かけて調査をしました。

調査アンケートには、回答候補として次の10個の特性が挙げられました。

❶やり抜くこと

❷感謝すること
❸好奇心を持つこと
❹味わうこと
❺将来のポジティブな結果を信じること
❻人生の意味を見出すこと
❼強みを活かすこと
❽主体的に関わること
❾どんなときも喜びを見出すこと
❿どんなことも幸せになれるように前向きにとらえること

どれも大切そうに思えますよね。しかし、結果として、**「❸好奇心を持つこと」が、最も私たちの目標達成と幸せ体感の両方に役立つ特性であることがわかりました。**

では、なぜ「好奇心」はこれほど優れた特性なのでしょうか？　実は、人は好奇心に身を委ねると、一見相反することを同時に行えてしまうのです。

たとえば、

●自分の考えには強いこだわりがありますが、それを超えるものに出合えれば、あっさりこだわりを捨てて、じっくり学ぶことができる。
●内面に強い自分の世界がありますが、他者にもオープンであり、好奇心の対象の魅力を広めたくて仕方がない。
●「こうしたい！」という先の未来のビジョンがしっかりあり、そこに一目散に向かっていきますが、同時に今この瞬間の体験にも没頭している。

このように、新しい情報や経験を常に求める「動」のエネルギーと、今この瞬間の体験に意味と喜びを見つける「静」のエネルギー。この相反するエネルギーを一挙に放出できる稀有《けう》な特性が「好奇心」なのです。

いかがでしたか？　**私たちがこの人生を謳歌《おうか》するために必要なことは、「好奇心に身を委ねること」、すなわち「大好きなことをいつも側《そば》に置いておくこと」**です。どうか安心して、あなたの「大好き」に向かう旅をしていきましょう！

ワーク

子どもの頃、一番好奇心を感じたことは何ですか？

一番好奇心を感じた人はだれ？

そのとき、あなたはどんな行動をとりましたか？

うまくいかないときほどのめり込み何度もチャレンジした、何度も質問したり調べたりした、同じ好奇心を持っている友達とでいつまでも続くおしゃべりをした……などなど。

それをノートや手帳に書き出し、そのときのエネルギーを思い出しながら感覚や感情を味わいましょう。

3 仕事もプライベートも最高の舞台を用意してくれた、好奇心の力

では、実際に好奇心に身を委ね、大好きなことに向かっていくと何が起きるのでしょうか？　私の体験を２つ、シェアしますね。

１つ目の体験です。独立して2年目にあたる、２０１３年のクリスマス、私は一人の女性にプロポーズをしました。

その人はメンターのセミナーをお手伝いする中で親しくなった女性であり、私の理想のパートナー像をすべて満たしていた人でした。答えは「ＯＫ」。

私は天にも舞う気持ちで、お互いの今後を語りました。話題はやはり結婚式です。

妻となる女性が昔から憧れていたのが、「海が見えるチャペルで挙式すること」だった

のですが、私は驚きました。

実は私がプロポーズに選んだ場所は東京ディズニーランドでしたが、その日宿泊した東京ディズニーランドオフィシャルホテルに、偶然にも妻が憧れていた「海が見えるチャペル」があったのです！

「よし、ここにしよう！」

即決でした。

意気揚々と妻に約束をしたものの、すぐに現実を思い知らされます。このようなホテルで結婚式を挙げることは、少し高級なディナーをいただくこととはわけが違いますよね。

しかも、結婚式を挙げられた方は共感してくれるかと思いますが、当初の見積もり料金にどんどんオプション料金が積み重なっていくのです。

最終的な挙式額は４６０万円。そして、恥ずかしながら当時の私の貯金は20万円を切っていました。

普通であれば、今後の二人の生活のためにも、挙式自体をあきらめたり、もっと費用が安い結婚式場を選ぶところでしょう。でも、私は自分の内なる「大好き」を選択しました。もう、我慢なんかしたくない！　理想をすべてかなえてやる！　という思いですね。

「大好きな人」と「大好きなこと」を一緒にするために、「大好きな仕事」で必要なお金を用意する。そんなチャレンジをはじめたのです。

すぐにできることは「カウンセリング」です。その年の年末は、どんなカウンセラーにも負けないレベルで来談者を募集し、カウンセリングを行いました。すると、その奮闘ぶりを見ていたメンターから、「カウンセラー養成講座」を立ち上げてみないか？　と誘われたのです。

不安はありました。もちろん、だれよりも真摯《しんし》に来談者と向き合い、傾聴をしているという自信はありました。とはいえ、キャリアとしてあるのは高等専門学校卒の元旋盤工であり、臨床心理士や精神科医の資格は持っていません。自分でするならまだしも、「カウンセラーを育てるには見識が足りないのではないか？」という心配もありました。

しかし、ここで私は好奇心に身を委ねることにしました。すると、とてもワクワクしてきたのです。

前職の仕事柄、ものづくりは大好きで、特にものの仕組みを分析することに喜びを感じていました。もし、人間の心も工業製品を設計するようにその仕組みを明確にできて、かつだれでも短時間でそれを取り扱え、「癒し」を生み出すことができるならば、どれだけ素晴らしいことだろう。

　私はそんな想いで、傾聴を用いたカウンセラー講座作成に取りかかったのです。

　そして翌年、２０１４年４月に「カタリストカウンセラー養成講座」という独自のカウンセラー育成コースを世に出すことができました。

　開講前は鬱《うつ》になるくらい不安を感じましたが、蓋《ふた》をあければ、満員御礼の講座となり大成功。こうした成功により、挙式費用をまかなえたうえに、なんと新婚旅行として、本場フロリダのディズニーランドとディズニークルーズに行くこともかなえることができました。


　２つ目の体験です。独立したばかりで、まだ講演依頼も来談者も少なかった頃は、多種多様な仕事も引き受けていました。

　そんなあるときいただいたのが「海外挙式のビデオ撮影」の依頼でした。シンガポールの最高級ホテル「マリーナベイ・サンズ」での挙式です。

　正直、迷いました。撮影や映像制作は大好きでしたが、セミプロです。当然、人生の晴れ舞台である結婚式の撮影などやったことはありません。おまけに海外にもほとんど行ったことがありません。「これは断ったほうがいいな」と最初は思いました。

しかし、私はここでも好奇心に身を委ねてみました。

「もしこの仕事をやり遂げたら、自分が活躍できる分野が一気に広がる！」

そう想うとワクワクしてきて、この大役を引き受けることにしました。そして寝る間を惜しんで準備をして、当日なんとか撮影をこなすことができました。

仕事の後は、全室スイート・ルームといわれるホテル「マリーナベイ・サンズ」を満喫することができました。そして、この経験により自分の映像制作にも自信がつき、その後しばらく、セミナーカメラマンやiPhoneの動画作成講座の講師を任せていただけたので、心の底から好奇心を信じてよかったと思っています。

いかがでしたか？　人生では迷うことは多々あります。多くの人はそこで不安や恐怖に身を委ねて、何もしないことを選択します。

でも、そんなときこそ、**「大好きなこと」、すなわち「好奇心」に身を委ねてみてください。予想もしなかった解決策が見つかり、あなたの新しい可能性が必ず開花しますよ。**

ワーク

あなたが今、「やるかどうか」悩んでいることは何ですか？　まずは、それをノートや手帳に書き出してみましょう。

そして、ぜひ好奇心に身を委ねて、「大好き」なことを行動に移してみましょう！

4 好奇心のさらなる特徴①　コミュニケーションに強くなれる

「コミュ障」という言葉があります。「コミュニケーション障害」の略であり、他人と上手く関われず、交流が苦手なことを意味する俗語です。

私自身も30代に入るまでは、ひどい「コミュ障」でした。特に相手に目を合わせてもらえなかったり、想定通りの答えが返ってこないなど、反応を否定的に受け取り拒絶されたと感じると、パニック状態に陥り、その後の言葉が続かずに、その人と仲良くなることを早々とあきらめてしまうことが連続しておきていました。

たとえば、30歳で失業したときの再就職活動により、歴史ある社寺建築補修会社に入社したときのこと。親方は厳しい人で、一日3回の休憩のたびに「いかにお前が馬鹿か」という説教を受けました、そのため勤務初日の終わりには涙が止まらなくなり、せっかく就職した会社をわずか2日で退職してしまいました。

しかし、独立後、好奇心に身を委ね、常に大好きに向かっていくうちに、ガラリと性格が変わったのです。

「講師・カウンセラー」の活動に熱中する中、様々な異業種交流会やパーティーへ積極的に顔を出すようになりました。

最初は、もっと自分の存在をPRしたかったからということが動機のスタートでしたが、その理由だけだとどうしても楽しめません。そこで「短時間でどれだけ人と仲良くなれるのか?」「たった一人でいいから生涯付き合っていきたい人とつながる!」といった形のゲームにすることによって、前向きで未来をつくるための大好きな時間、大好きな行動となっていったのです。

あるときは、参加者でありながら主催者のお手伝いをして、それが縁でその人がお客様になってくださったこともあります。

また、いかにも怪しいビジネスのお誘いも多々受けましたが、社会勉強のために好奇心からあえて自分から見学に行ったこともありました。結果的には短期間でしたが、東京の曙橋でパーティーもできる喫茶店の店長を任せていただいたこともあります。

いずれも独立前の自分だったら想像すらできなかった変化でした。

これらも「好奇心」の持つパワーです。日本学術振興会、川本大史氏らの2016年の調査によれば、好奇心の強い人は社会的に拒絶される場面であっても、それによってメンタルが影響されにくい傾向にあることがわかっています。

コミュニケーション能力に自信のない方の多くは、対人関係をよくするための本や教材に手を出しがちです。でも、**まずやるべきことは、自分の大好きを見つけて、それに向かっていくことです。**

すると、好奇心に後押しされ、あなたはいつのまにか「軸を持ち合わせた」社交的な人になっていることでしょう。

ワーク

あなたが今、「コミュニケーション」で悩んでいることは何ですか?

まずは、それをノートや手帳に書き出し、悩みを目に見える形にするセルフカウンセリングをしていきましょう。

そしてそのリストは、大好きに向かい行動した後のビフォーアフターのビフォーとして活用できるように保管しておきましょう。好奇心を力として発揮し、自然に悩みが解消された後に確認できるように。

5 好奇心のさらなる特徴②
チャンスに強くなる

私はこれまで11年間、のべ1万人以上の人生の転機に1対1で立ち会ってきました。

そこでわかったのが、**「幸せになるチャンスはだれにでも平等にある。差があるとすれば『すでにあるチャンス』を選択する速度の差でしかない」**ということです。

言い換えれば「ちょっと考えさせてください」と保留することなく、とりあえず「やります！」と言えるかどうかです。そして、大好きなことにいつも向かっている人は、このスピードがとても速いのです。

私自身の人生の転機をシェアしましょう。

独立してしばらく、私はメンターである講師のセミナーのお手伝いをしていました。それは無報酬のボランティアでした。でも、教えをより身近に無尽蔵に受け取れる環境は何物にも代えがたい体験でした。

ある日の講座終了後、講師からこんな誘いを受けます。

「明日の朝の講義、30分だけやってみない？」

尊敬する人の講義の一部を任せてもらえるというのです。とはいえ、そのとき時計は23時を指していました。時間はありません。

普通であれば、「ちょっと今回は準備が間に合いそうもないので、また次回にお願いします」とお断りするかもしれません。やるからには、失礼のないようにちゃんとやりたいものですよね。

しかし、私は間髪を入れずに「やります！」と答えました。これが大好きなことに素直に生きている瞬間です。

時間は、刻一刻と過ぎていきます。ともかく帰りの電車内でスマホを開き、講義アイデアだけでもメモしようとしました。すると……なぜか内容がどんどん浮かんでくるのです。私はスマホアプリでそのままスライドを作りはじめ、電車内でほぼ完成させてしまいました。そして、その勢いのまま、翌朝の講義を無事にやりとげることができました。

その日をきっかけに、私はベストセラー作家の望月俊孝が代表を務める研修会社「ヴォルテックス」で講師をすることになりました。そして11年たった今現在は、その会社の取締役をさせてもらっています。これって、過去の自分と比べたら奇跡が起きたレベルの出来事ですよね。

なぜ、疲れて乗り込んだ電車内という環境にも関わらず、情熱的に講義スライドを完成させることができたのか？　それは長時間、熱心にメンターのコンテンツを吸収していたことで成功者と同じ脳の回路ができていたからです。

この点に関して、スタンフォード大学が２０１９年に発表した研究があります。

子どもの頃からずっと大人気ゲーム「ポケットモンスター（以下ポケモン）」が大好きな大人を集めて、そうでない大人とともに、ポケモンのキャラクターを含む3種類の画像を見てもらいます。

そのときの脳の活動を計測すると、興味深い傾向がわかりました。昔からのポケモン好きの大人に限っては、ポケモンのキャラクター画像を見た瞬間、脳の「後頭側頭溝《とうこう》」という部位が非常に活性化していたのです。

ここは視覚情報を処理して分類する役割があります。この部位のおかげで、私たちは人の顔や風景や文字をきちんと判別できるのです。すなわち、ポケモン好きの大人の脳には、ポケモンの情報処理専用の回路ができていた、といえます。

あなたが大好きなことに向かっていくと、必ずそのテーマに関する脳の処理回路ができ、他の人より圧倒的なスピードで対応することができます。そして、それがだれかの役に立ち、喜ばれることで、人生を大きく飛躍するチャンスに恵まれるのです。

ワーク

自分の大好きだったことを通して、人に喜ばれた体験を思い出してみましょう。それをノートや手帳に書き出して、いつでも思い出せるようにしてください。あなたが人生に迷ったときのコンパスとして役立ちますよ。

6 好奇心のさらなる特徴③
変化に強くなれる

時代は常に変化しています。「コロナ禍《か》」のように、どうすることもできない場面もあります。一方で、昨今の「生成ＡＩ」のように、すべての方にチャンスが開ける場面もあります。

そんな**変化の荒波をうまく乗りこなすツールが、大好きなことに向かっていく「好奇心」**なのです。

一人の男を紹介しましょう。

バリー・ディラーという実業家がいます。「成功しかしない男」と称される彼のビジネス人生は、常に輝かしいものでした。

大学を中退し、芸能エージェンシーに入社。32歳でパラマウント映画の会長兼ＣＥＯになります。そこで彼が出掛けた作品が『がんばれ！ベアーズ』です。スポーツドラマの金字塔として日本でも愛される作品です。

その後、20世紀フォックスに移籍。そこで手掛けたのが社会風刺アニメ『ザ・シンプソンズ』でした。

しかし、彼はそんな成功をすべて捨てて、50歳で放浪の旅にでます。理由はただ１つ「好奇心が薄れてきたから」。

実は、バリーの本当の物語はここからはじまりました。

やがて彼は、デザイナーの妻から、テレビショッピング専用チャンネル「ＱＶＣ」で自分のスカーフが大量に売れた話を耳にします。娯楽としての映像メディアしか知らなかった彼には衝撃でした。

バリーは２５００万ドルを投じて、ＱＶＣの経営権を獲得します。しかし、またも好奇心が薄れた彼は経営権を手放しました。

そこに現れたのが「インターネット」です。

息子の話から「これからはデート相手をオンラインで見つける時代がくる」と予見、世界最大の出会い系サイト業者「マッチグループ」を作り上げます。さらには、「町の代理店に足を運ばずとも、旅行を予約できる時代がくる」ことも予見し、オンライン旅行代理店のパイオニアである「エクスペディア」を作り上げました。

いかがでしたか？　**好奇心の呼び声に従って、今本当に好きなことに向かっていくことは、時代を超えた大成功の原動力**なのです。

バリーと比較するのはおこがましいですが、私の体験も聞いてください。2017年頃、私同様に好奇心の塊である妻が、面白いWEBサービスを教えてくれました。それが、WEB会議サービス「Zoom」です。今ではだれもが知っていますよね。

当時は英語バージョンしかありませんでしたが、その画期的な機能に私の好奇心は大いに刺激されました。専用URLを渡せば、だれもが自分のつくったオンライン空間に参加でき、しかも簡単にその様子を録画できるのです。

「これは、セミナー業界に革命が起きる」と想い、ずっとワクワク研究をしていました。

やがて大きな時代の変化がきます。2020年春、コロナ禍の緊急事態宣言で、世界中の人がZoomを使うことを余儀なくされました。そこで私は3年近い研究を電子書籍にまとめて、世に出すことしました。

結果、拙著『お金と時間から自由になるためのZoom主催者スタートガイド』は好評をもって迎えられ、発売初日でアマゾンのカテゴリーランキング1位になりました。

この経験を機に執筆に目覚めた私は、それから毎年本を書くことができるようになりました。


さらに面白いことがおきます。読者の方からの依頼で、大学の教授向けのZoom授業法の研修を頼まれたのです。大学を出ていない私が、大学の教授に授業の方法をお伝えするなんて想像もしていませんでした！

振り返れば、Zoomに出会ったときに、それを無視することもできたはずです。その頃は、5000人の大規模イベントの登壇も経験しており、リアルな会場で話すことに大きな自信と喜びを感じていた時期だったからです。

でも、そんな自分自身をいったん脇に置いて、**純粋に好奇心に身を委ねられたからこそ、大きな人生のドラマが体験できた**のです。

ワーク

自分の普段触れている情報とは違う情報に、積極的に触れていきましょう！　1ミリでも興味があることをノートや手帳に書き出していきましょう。

そして、できることならば、書き出したことを積極的に体験してみましょう。それが想像もできない未来にあなたを連れていってくれますよ。

7 大好きなことに向かっていくための3つのマインド

本章の最後に、あなたが実際に好奇心を持ちながら「大好き」に向かっていくときに気をつけるべきことをお伝えします。それは**「頑張らない」こと**です。

多くの方は、「大好きなことに向かっていく人生」＝「大好きなことを1つに絞って、それに頑張りながら突き進む人生」と考えています。でも、これだと義務になってしまいがちで、進むこと自体がしんどくなり途中であきらめてしまうことでしょう。

もっと、フワフワと軽く考えみてくださいね。私は、次の3つのマインドを大切にしています。

❶面白そうなことを見つけても、気分が乗らなければやらなくてよい
❷たとえやりはじめても「なんか違うなぁ」と思ったら、そこでやめてよい
❸いったんやめたことでも、ふとやりたくなったら、いつでも再開してよい

たとえば、私が独立したての頃、本気でディズニーランドでスタッフのアルバイトをしようと考え、実際に面接をしにオリエンタルランド本社に向かいました。

講師活動に必要な「おもてなし」や「寄り添い」という、接客業に大切な人間性が学べると思ったからです。何より語る後日エピソードとして、ちょっとカッコいいですよね。

ですが、結果は不合格。求人内容が「デザイナー」という未経験な職種だったことも作

用したと思いますが、われながら無謀なチャレンジだったと思います。

でも、面接時のワクワク感や自分もディズニーランドのサービス提供側になれるかもしれない！　という好奇心がくすぐられる素敵なチャレンジだったと感じています。


最近のことで言えば、自分のYouTubeチャンネルへの投稿です。

一時期はハマって、そのことばかり考えていました。特に動画のサムネイルをつくるために、生成ＡＩを使った画像作成に時間を費やしました。挙句の果ては、イラストを本気で学ぼうとまでしました。しかし、机をスケッチしてみたら、そもそも線がまっすぐ書けないことがわかり、才能の無さに愕然となり、人類最速で筆を折りました。

そんな感じで、今現在はYouTube投稿への好奇心は乱高下していますが、また何かのきっかけや刺激で再燃することでしょうね。


まずは「義務感」を捨てましょう。「ちょっと味見して、違うなと思ったら、いつでも辞める」。こんなマインドで、いろいろ試せばよいのです。そのうちに抜け出せないほどハマるものに出合えるはずです。

私にとっては、それが「傾聴する」ことと「人前で話す」ことでした。

そのため今は、人の話を聞くときはいつのまにか「カウンセリング」モードになってしまい、人と話すときは、いつのまにか「講演」モードになってしまっている次第です。もはや「癖」です。でも、このレベルになると、それがだれかの役に立てるようになり、「大好き」を仕事にできるようになります。

「だれだって強いられた仕事は好きではない。

しかし、自分の意志で労苦をつくり出すやいなや、ぼくは満足する。

自分が好きでやっているこういう仕事は楽しみであり、もっと正確に言えば、幸福である。」『幸福論』（アラン著）より

ワーク

「これ面白そう」「これができたら楽しそう」「こんな生活をしてみたい」をノートや手帳に書き出し、自分の心の声を聴いてみましょう。

そしてさらに、1分間イメージングし、あなたの脳に「好奇心」というエネルギーを循環させましょう！　これを繰り返していくと、これまでの当たり前の考え方が変わってい

きます。

8 本章のポイントと次章の予告

ここまでお読みいただきありがとうございます。

世の中、「今を我慢して努力すれば、目標は達成できる」といわれています。そして、その我慢をひたすら実行することができる「努力家」が持てはやされています。

でも、私の考えは違います。

「好奇心が赴《おもむ》くままに今を生きて、大好きなことに向かっていくだけで、気がついたら想像もできないスゴい未来にたどりついている」

本章では、そんな「好奇心家」ともいえるライフスタイルをあなたに提案してきました。

次章では、あなたの好奇心で「大好き」を見つけ、日々それに向かっていく方法をお伝えします。お楽しみに！

本章のポイント

- 人生で一番大事なことは、いつも自分の「大好き」に向かっていること
- 好奇心こそ、幸せに確実に夢をかなえる最強の人間の特性である
- やるかどうかを迷ったら、好奇心の声を聞いてみよう
- 好奇心に身を委ねるだけで、いつのまにか「コミュ障」は治る
- 大好きなことに向かっていくと、そのテーマについての脳の専用回路ができる
- 今うまくいっている分野でも、好奇心に任せて新しい方法を試してみよう
- まずは好奇心がうずいたことを、味見のつもりで軽くイメージしてみよう

第2章

手帳を使って、いつでも「大好き」から刺激を受けよう

「『大好き』に向かう以前に、そもそも自分の『大好き』がよくわからない」という方は多いですよね。結局、本当に大好きなものは、いろいろやってみないとわかりませんし、やっていくうちにどんどん変わってもいきます。

だからこそ、**「できる」「できない」**を考える前に、**「まぁ、とりあえず、いろいろ試してみるよ！」という好奇心のまま飛び出していくフットワークの軽さが必要**です。本章のメソッドで、そんな姿勢を育みましょう。

1 新しいことに挑戦したくないのは当たり前 脳が持つ不都合な真実

人間、だれしも新しいことをはじめるのは、腰が重くなりがち。「とにかくいろいろやってみよう！」と言われても、正直、行動に移せない場合もありますよね。

でも、ご心配なく。このような感覚を持つのは普通であり、あなたの脳が正常に機能している証拠なのです。さて一体、どういうことなのでしょうか？

人間の脳の重さは体重のわずか２％ほどですが、その脳はなんと人体の総酸素消費量の約20％を消費します。また、全臓器の中で最もカロリーを必要とします。

それほど、何かを考えたり覚えたりする行為には、負荷がかかっているのですね。しかし、不便なことに、脳にはカラダの脂肪のようにエネルギーを蓄えておく機能がありません。

そこで、脳はエネルギーの節約を第一優先にしています。私たちが昨日のことすらほとんど忘却しているのも、エネルギー節約の１つです。

ましてや、「とりあえず新しいことをやってみる」なんてことは、脳の回路の組み換えを要するので、膨大なエネルギーを消費します。脳からすれば、できればお断りしたいタイプの仕事です。

そのため、慣れている行動や生理的に楽なことに気が向くよう、うまい具合に仕向け、気をそらしていくのです。これにより、新しいことをやろうと思っても、まったく手をつけずに何日も経ってしまうわけです。

「あなたの脳は、新しいあなたを好まない」

まずは、この「不都合な事実」を知ってください。

ワーク

過去に「よし！　やるぞ」と決意したのに、結局何もできなかった思い出はありますか？　ます、それをノートや手帳に書き出していきましょう。

それは、あなたが人間である証拠にすぎません。まずは、そんな過去の自分を許し、心を緩めてあげましょう。

2 脳はこうしてあなたの味方になる

「特に大きな変更がなければ、前回と一緒でいいですよね、というか、前回と一緒にしましょうよ！」

私たちの脳は、常にこんな態度でいます。まるで、やる気のない企画会議のようですね。そのため、**新しいことを試したいときは、「今回はいろいろな変更があるから、そのつもりで！」と、わざわざ申請する手間が必要**です。

この申請先にあたる脳の領域は、「顕著《けんちょ》性ネットワーク」と呼ばれています。

行動科学の専門家ボブ・ニーズによれば、私たちは、1秒間に最大約1000万ビット（HD画質の映画約10本分の情報量）の情報を五感で受けていますが、その中で実際に処理できるのは50ビット程度しかないそうです。このわずかな処理枠を無駄にしないために、優先的に扱う情報を事前に決めているのが「顕著性ネットワーク」です。

新しいことを試したいときは、あなたの脳の「顕著性ネットワーク」に対して、しっかり「何をしたいか」意図を伝えなければいけません。繰り返し伝えていくと、そこにイメージが伴うようになります。新しいことを試している自分自身のイメージが詳細までどんどん鮮明になっていくのです。

実は、脳の神経活動から見れば、「鮮明にイメージしたもの」と「実際に目にしたもの」

は同じ扱いになります。２０１２年のベルリン大学医学部の研究によると、「何かを実際に見たとき」と「何かを心の中でイメージしたとき」のいずれにおいても、対象物は腹側《ふくそく》視覚経路という脳領域で同じような処理をされていることがわかりました。

イメージが鮮明になればなるほど、臨場感が湧いていきます。なんだかすでにできちゃっている気になってくるのです。

もちろん、現実的には何も進んではいません。でも、感情は別です。**イメージによって、本来ならばやった後に感じるはずの力強いポジティブな感情が自然に溢れてくるのです。**人によっては、本当に感動して涙を流す方もいるでしょう。

実はここがとても大切です。

「顕著性ネットワーク」は、脳の中継基地である島皮質《とうひしつ》や、情動の中枢である扁桃体《へんとうたい》といった部位で構成されていますが、いずれも深く「感情」に関わっています。

そのため、特定のイメージに対して強いポジティブ感情を感じていることを知ると、「そんなに気持ちが動くならば、このイメージに浮かんでいることは君の人生にとって大きな意味があって、将来やるべき価値があるということだよね？　だったら、今からは協力するよ！」と評価してくれるのです。

すると、「セントラル・エグゼクティブ・ネットワーク」という領域がONになります。ここは、脳の司令塔であり、記憶の倉庫から必要な情報を参照しながら、新しい行動に必要な意思決定をビシッと下してくれます。

さらに「こんなことして意味あるの？」といったネガティブな感情もおさえて、挑戦に全力集中させてくれるのです。そして、イメージによって感じた力強いポジティブな感情をリアルで実際に感じさせてくれそうな機会を、日常の中で探し回ってくれます。

すると、挑戦しやすい環境やタイミングに出合えて、自然と行動をとってしまうのです。動けば動くだけ、成果が出る確率も高くなります。あとは、その成果をふまえて、今後もそれを続けるかどうかを選べばいいのです。

そんな選択を続けていけば、最終的には、必ずあなたが全身全霊でやりたくなる「大好き」にめぐり会えるでしょう。

いかがでしたか？　**ポイントは、「鮮明なイメージ」とそれに伴う「力強いポジティブな感情」です。この2つの力で、「想像」と「現実」の境界線を曖昧《あいまい》にさせて、脳の働き**

を有利な方向に仕向けていくのです。

私もよくアクティブで行動的だと言われますが、この仕組みを知っていただけで、本来はナマケモノです。スマホだって家電だって、一回使用方法がわかれば、あとは自分に合わせて好きに使えますよね。脳も同じなので、効率よく大好きな人生を生きるために活用してください。

ワーク

あなたの周りにいる好奇心旺盛でアクティブな人を思い浮かべてみましょう。そして、その人の名前を書き出してみてください。

さらに、その人物リストを見ながら、あなたの望む生き方や才能を彼らに問いかけましょう。

ちなみに、彼らは天才なのではなく、自然に自分の脳をコントロールできていただけなのです。あなたも今日からそうなることを選択しましょう。

3 やっぱり書けばかなう！ 月9主演俳優も有名選手もしているノート術

それでは、実際にどうやってあなたの脳にイメージを申請すればよいのでしょうか？

もちろん、繰り返し声に出して、脳にお願いするのもよいでしょう。でも、カウンセラー神戸のおすすめは、**これから目指すことを書いて、それを繰り返し見ること**です。

最近、何かを「手書き」したことはありましたか？　メモを取る場合などは予測変換もでき、しっかり保存できるスマホのほうがいいですよね。

でも、**「手で書く」行為は内容の一字一句を直接構築していくので、目と手を通して、脳に確実に伝わっていきます。**著名心理学者J・W・ペネベーカーは、「筆記は、あなたの注意を対象に持続させてくれるので、問題解決がより早くなる」と述べています。

実際、**多くの挑戦を求められるアスリートたちは、手書きでノートをつくっています。**

フィギュアスケートの羽生結弦選手が書いた「発明ノート」、サッカーの元日本代表・中村俊輔選手の「サッカーノート」、卓球の伊藤美誠選手がコーチと書いた「師弟ノート」、中でも有名なのは、メジャーリーグで活躍中の大谷翔平選手が高校一年生のときに書いた「マンダラチャート」でしょう。世界で活躍されたサッカーの本田圭佑選手は、オリジナルの「夢ノート」を商業プロデュースしているほどです。

また、**華やかな舞台を目指す芸能界でも、ノート術は大人気**です。たとえば、本原稿執筆時の月曜9時放送（以下、月9）ドラマ『海のはじまり』は、アイドルグループ・Snow Manの目黒蓮さんが主演をされていますが、実は彼もノートの愛好者でした。20歳でデビューした頃から、自分を奮いたたせるために、かなうかどうかわからない憧れをノートに書いていました。その中に、「月9の主演をしたい」の一文もありました。

月9のつながりでいえば、女優の石原さとみさんもノートの愛好者です。20歳から書きはじめたノートには、「月9で主役をする」「化粧品メーカーのCMに出演する」「ファッション雑誌の表紙を飾る」などの夢が書いてありました。メーカー名も雑誌名もしっかり書いてあったそうです。素晴らしいことに、石原さんは20代ですべてを実現しました。

2007年ドミニカン大学カリフォルニア校のゲイル・マシューズは、こんな研究をしました。

149名の参加者に目標を書いてもらい、一ヶ月後の達成度を調査しました。参加者は、日本を含む世界6ヶ国から集《つど》った人々です。年齢は20〜70代までと幅広く、社長さんもいれば芸術家もいました。

書かれた目標は「家を売ること」や「セールスを決めること」など、現実的に結果がわかるものばかりでした。中には、「会社の乗っ取りを防ぐ」と書いた方もいました。

一ヶ月後の達成度合いを調べると、目標を書いたグループは、頭だけで考えたグループよりも34%も多く目標達成に近づいていました。やはり、夢や目標は書いたほうが、かないやすいのです。

ワーク

あなたも、手帳やノートに、1個だけ夢や憧れを書いてみましょう。

直感で構いません。海外移住、カウンセラー、または「月9主演」でもいいですし、何も思い浮かばなければ、「私の夢は」とだけ書き出して空白のままでも問題ありません。その空白を埋めるものを、あなたの脳は自然に探してくれるでしょう。

4 神戸はこうして書いてきた！手帳が救ってくれた過去

私はずっと「手帳」を使ってきました。手帳は、だれもが予定を忘れないために使っています。でも、**予定を書いて時間管理をしているだけでは、あまりにももったいない**のです。

私がそれに気づいたのは、28歳の頃、8年間勤めた会社を失意のうちに退職したときでした。やめてはじめて、いかに会社が自分の人生の大部分を占めていたかがわかり、愕然としました。とはいえ、もう戻ることはできません。新しいことでその穴を埋める必要があります。しかし、それが見つからないまま、時間だけが過ぎていきました。

手帳を開いても、会社員時代とは違い、予定なんてほぼありません。唯一書いてあったのは、職業訓練校で学んでいた簿記の試験日程だけ。


そこで私は、暇に任せて、予定欄に予定以外のことを書きはじめたのです。

その日の反省したいこと、よかったこと、自分をほめたいこと……などなど。日記帳代わりでした。こんな使い方が自然にできていたのは、名著『7つの習慣』(スティーブン・R・コヴィー著)に感化されていたのかもしれません。

現実を見れば、仕事もしておらず、貯金は底を尽きかけ、家賃も払えず生活費のために金融機関から借金もしていた有り様。業務用スーパーで買ったグラム25円の挽肉と300円で50個入りのシューマイばかり食べていました。

体重は40キロ台まで痩せるなど、完全に不幸のスパイラルにハマり込み、はたから見ればだれもが憐れみ近寄りたがらない、超どん底人生といえる状況でした。


それでも日によっては、8時間手帳と向き合い、好奇心やネガティブな感情など、頭の中にあるあらゆるものを書き出し、徹底的に自分と対話をしていきました。今思えばセルフカウンセリングを毎日のようにしていたのです。

そのうちふいに、次の3つの「できたらいいな」と思うことが、浮かんできました。

❶「社長になる」
❷「ハワイに行く」
❸「年収1000万円になる」

お金のない中で生まれた、とっても世俗的な望みです。

でも、だれに押し付けられたものではない、100%自分の心から生まれたものでした。「やったほうがいい」とか「やるべきだ」ではなく、「あぁ……いいな、やりたいなぁ」という素直な憧れが、そこにはありました。

私は、この3つを手帳に淡い期待を持ちつつ書き込みました。さらに、後に説明する**「宝地図」**という手法に則《のっと》って、イメージに近い写真を用意し、コルクボードに貼りました。最終的に部屋の鴨居に飾られたコルクボードは、6畳間のアパートの中で、まるで賞状のような輝きを放っていたのです。あたかも、自分の中のポジティブな想いが結晶化して、この世界に出現したようでした。

とはいえ、実際には何からはじめればよいかは、見当もつきません。でも、繰り返し見ているうちに、とにかく何かをはじめたくなりました。「こんなことをしている場合じゃないな」と思えてきて、「現状の外」に行きたくなったのです。

まもなく、私は、第1章で書いたように、それまでの環境を脱出して実家に戻り、過去を精算して新しい人生に進むことになります。そして、現在では、掲げた3つの「できたらいいな」はすべてかなっています。

すべては手帳に書き出した「大好き」や「好奇心」のおかげです。その手帳が私の心をネガティブの沼から持ち上げてくれて、「やってみよう」というポジティブな気持ちにさせてくれたのです。

私にとって、手帳は「カウンセラー」であり、「応援団」であり、何よりも人生を導く「師匠」でした。手帳で「時間」のみならず、自分の「感情」も管理して、最適な選択と行動に向けてセルフコントロールをする。何も書く予定がなかったからこそ、思いついた手帳術です。

思えば、**手帳はとても「前向きなもの」**です。どんな大変な日であっても、24時間が過ぎれば、自然に次の日の欄に進んでいきます。そのため、自然に切り替えができて、ポジティブな気持ちになりやすいのです。

だからこそ、手帳に身を任せることは、無理なく「とりあえずやってみよう」という、一番腰が重くなる理想の世界への離陸を可能としていくのです。

ワーク

今使っている手帳を開いてみてください。

スケジュールを書いていない余白は、どれくらいありますか？　空白を確認してみましょう！　今からその空間が華やかになりますので、お楽しみに！

5 「神戸流手帳術」の全貌を公開!

ここから、神戸の人生を変えた手帳術をあなたにもお伝えしましょう。

手帳は、今お使いのもので大丈夫です。明日の日付からはじめられます。年度はじめに合わせる必要は一切ありません。

手順は、以下の3つの【ステップ】です。

【ステップ1】「できたらいいなリスト」をつくる(クリエイション)
【ステップ2】月間予定欄、週間予定欄に「できたらいいな」を書き加えていく(デコレーション)
【ステップ3】予定の達成未達成に関わらず、毎晩全力で自分を祝福する(セレブレーション)

「何言っているの？」と思われた方は、正解です。正常な思考の持ち主なので安心してください。正直、最初は混乱すると思いますが、その混乱は自分の脳をポジティブに騙すためにとってとても重要だからです。

なお、**できるだけ紙の手帳を使ってください。**手書きであれば、筆跡に感情が乗ります。たとえば、不安なときは普段ならばまっすぐに書ける線も歪《ゆが》みがちですよね。手書きであれば、今感じている自分の感情をダイレクトに知ることができるのです。

もちろん、今日から手帳は全部アナログにしろとは言いません。現に私もGoogleカレンダーなどのオンラインカレンダーを併用しています。本ワークの目的は、あなたの感情の管理であり、一種のセラピーのワークブックとして手帳を使ってほしいのです。

ワーク

では、手帳を用意しましょう。

デジタル一本で手帳を持っていない方は、空いているノートに線を引いて日付を入れて、手作り手帳にするのでも構いません。まずは一週間分だけ枠をつくってみてください。

すぐ行けるのならば、お店で手帳を購入するのもよいでしょう。１００円ショップにもおすすめできる素敵な手帳がありますよ。

6 神戸流の手帳術【ステップ1】「できたらいいなリスト」をつくる

「特に『やってみたいこと』は浮かばないのですが……」

私の受講生からもよくいただく相談です。でも、本当に浮かんでいないのでしょうか？

次の実験データをごらんください。

2011年、ジュネーブ大学マルシャル・バンデル・リンデンらが、人間の3日間の思考行動を追跡したところ、一日平均60回（起きている間は16分に1回）は未来について考えていることを発見しました。

さらには、参加者の8割以上が、描いた未来について喜びや情熱、誇りといったポジティブな感情を感じていました。これって、立派な「やってみたいこと」だと思いませんか？

つまり、**「やってみたいことがない」という方は、この定期的に訪れる未来への明るい期待を忘れているだけ**なのです。ちょっと、もったいないですよね。どんどん意識の底から思い出していきましょう。

では、どうすればよいのでしょうか？

おすすめなのが、「できたらいいなリスト」の作成です。「こんなことができたらいいなぁ」「あんなことができたらいいなぁ」……国民的アニメ「ドラえもん」の旧テーマ曲の歌詞のようですが、あんな感じで、ふんわり浮かんだ楽しいことをどんどんメモしていくのです。

あなたの手帳の巻末か、巻頭の見開きページをまるまる使うか、ノートに書き出して思い出していきましょう。

あえて「夢リスト」と呼ばなかったのは、気軽に取り組んでほしいから。「夢！」と言われると、何か立派で崇高なものというイメージをしてしまう人もいて、「私なんか夢を描くにもいたっていません」という方もいます。

そのため、まるで年始の書き初めや会社の達成目標宣言のテンションになってしまい、心も体も緊張してしまって固まり、発想が広がりにくいのです。

私はこのプロセスを「クリエイション」と名付けました。潜在意識の中にある本当の望みを目に見える形に現実化させるプロセスです。自分で自分の望みに気づき、そこに向かいはじめる大切な一歩目です。

さて、私はこのリストを１００項目まで書くことをおすすめします。

「そんな数多く書き出すのは無理！」と思いますか？　でも、やりはじめると結構楽しく最後までいけるものです。ポイントを４つ、ご紹介しましょう。

ポイント①

まずは、ほんのちょっと頑張ればできる小さなことから書いていく

まずは**「今日できることで、昨日までしなかったこと」から書いていきましょう。**

「前から行きたかった通勤路にあるクレープ屋さんに寄ってみる」のような感じで構いま

せん。ウォーミングアップの感覚で、「意識を書き出すこと」に慣れていきましょう。楽しく書き出していくのがポイントですよ。

ポイント②
20項目くらいまで書いて、残りはそこから派生させていく

受講生にこのリストを書いていただくと、面白い現象が起きます。20項目くらいまではスムーズに出てきますが、30項目前後で急に止まってしまうのです。

実は止まってしまう前までは、「できたらいいな」を書いているつもりでも実際は「すでにできていること・やっていること」を書いている場合が多いのです。逆に言えば、**30項目を突破してはじめて、心の奥にある本当の「できたらいいな」が見えてくるのです。**その手前でストップして投げ出すのは、もったいないですよね。

これを突破するには、**ワクワクしながら項目を埋めていくのが重要**です。そのコツは、今まで書いた項目のテーマを広げていくことです。

たとえば「アメリカに行く」と書いていたならば、「フランス」「オーストラリア」「チリ」など他の行きたい国も書いていくのです。これならばどんどん広げていけますよね。

私も同じことをしましたが、そのときは、なぜか「マレーシア」が浮かんできました。「なんで？」と思いましたが、後年ある方の紹介で本当に行くことができました。首都クアラルンプールでは、現地に住んでいる様々な人と出会い、発展していくエネルギーに感動しました。そして、今では密かに日本との二拠点生活も考えるほどになっています。

心からの「できたらいいな」は、これくらい未来を引き寄せる磁力というべきエネルギーがあります。さて、あなたの本当の「できたらいいな」は何でしょうか？

ポイント③

1つの「できたらいいな」を徹底的に掘り下げていく

たとえば、「素敵なパートナーを見つけたい」「最高の結婚をしたい」と書く方も多いでしょう。この「理想のパートナー像」を掘り下げていくだけでも、実は数十項目が埋まってしまうのです。何事も望み方が大切です。

ちょっとやってみましょうか？　たとえば……その方の性別は何ですか？　年齢はどれくらいがよいですか？　どこに住んでいる人がいいですか？　どんな趣味を持っていてほしいですか？　どんな性格をしていてほしいですか？　私が実際にやったときは、こんな感じで、なんと36項目が埋まりました。
ちなみに、「性格」はまだまだ掘り下げられます。たとえば「やさしい人」って大事ですよね。私もそう書きました。でも、私はさらに『神戸正博』に対してもやさしい人」と掘り下げてみました。他の人にばっかりやさしくて、私には冷たかったら意味がないですよね！

ちなみに、独立後に再婚した今の妻は、この36項目のうち33項目を満たした女性でした。さらに面白いことに、妻のほうも同じようなリストをつくっていて、私は26項目のうち25項目を満たした男性だったのです！　まさに、お互いベストパートナーに出会えたわけです。

あなたも「ぜひとも、できたらいいな」というテーマは、徹底的に楽しんで妄想しながら掘り下げていきましょう。

ポイント④
カテゴリごとに書き出していく

漠然と書きだしはじめると、つい頭で考えはじめ、自分の直感から離れていく感覚はありませんか？　もっとワクワクしながら、本心に壁をつくらず自由に、軽くフワフワと書き出していってほしいのです、**書き出すだけで自分に肯定的な許可を出すことになるので、自己肯定感アップにもつながります。**

頭で考えずサクサク書いていくためのヒントとして、次に挙げる10個のカテゴリで10個ずつ書き出していくことを行ってください。もちろん1つのカテゴリで10を超えて書き出してもOKですよ！　そのカテゴリとは……、

●家族
●仕事
●趣味、遊び
●旅行
●お金
●学び
●心
●生活
●健康、美容

●友人、仲間、同僚

たとえば、「家族」カテゴリでは「家族と月1回旅行に行く」「庭でおうちバーベキューをする」。「仕事」カテゴリでは「年内に昇進が決まる」「プロジェクトリーダーになる」「圧倒的なアイデアが生まれる」。「旅行」カテゴリでは前述したように「イタリア旅行に行く」「フランス旅行に行く」「マレーシア旅行に行く」など、行き先を変えるだけで大量生産できます。

このように「できたらいいな」の横展開と縦の深掘りを繰り返していくだけで、想像以上に早く100個書き出せます。「200個でもいいですか?」と質問を受けた経験があるほど無限に「できたらいいな」は生まれていくものです。本当に好奇心って今までの発想の限界を超えるために必要なエネルギーですよね。

ワーク

とはいえ、いきなり100個は目指さなくてOKです。ここでは、3分間、時間を測っていただき、その間に浮かんだ「できたらいいな」をできるかぎり書いていきましょう。

もし、制限時間以内に書いたものがすべて「できる」としたら……あなたは何を書きますか？　楽しみながら、やってみてください。

7 神戸流の手帳術【ステップ2】
月間予定欄、週間予定欄に「できたらいいな」を書き加えていく

多くの手帳には、一ヶ月分の予定が一覧できる「マンスリーページ」と一日の詳細が書ける「ウィークリーページ」があります。役割がそれぞれにありますので、順を追って説明していきますね。

まず、マンスリーページの役割を一言で説明するなら、**「最高に大好きな人生を予約する」**ということ。

手帳の一般的な活用方法は予定管理ではないでしょうか？　あるいは、タスク管理や目標管理。そして、夢実現などをガントチャート（完了日までの情報をツリー構造や帯状グラフで表した図）で管理するなど、世の中に広まっていて活用されている手帳の使い方は無数にありますよね。

私がカウンセラーとして相談者と接するとき、一番気にかける相談者はどんな人だと思いますか？　それは「自分の望みを知らない」という人です。どんなことが好きなのか？　どんなことに自分は興味を持っているのか？　どんな経験をすれば幸せになれるのか？　どんな人生をすごしたいのか？　を知らないということは、幸せになる方法を知らないということと同じです。

その傾向は手帳の使い方でも見受けられます。そんな方の傾向として「嫌だけどやらないといけないこと」をはじめに書いてしまう場合がとても多く見られるのです。

そうすると、手帳は何で埋められていくでしょうか？　当然「嫌なこと」ですよね？　そんな手帳って開きたくなるものでしょうか？　いいえ、そんな手帳は絶対に開きたくないですよね。

こうやって手帳との仲が悪くなり、手帳との距離が生まれ、年初や4月あたりに「今度こそ手帳を使うぞ！」と思って使いはじめたとしても、しばらくすると本棚や引き出しに罪悪感とともに収納されていきます。

では、手帳と仲良くなり、手帳で好奇心を刺激し、「大好きな人生」に導いてくれるものにするためにはどうすればいいのでしょうか？

答えは、**興味のあることや好奇心をくすぐる予定が詰まった、「大好きに彩られた手帳」にすること**です。それだったら開きたいし、そばに置きたいと思えませんか？

手帳と仲良くなる。

これが手帳を使いたくても使いこなせない多くの人に欠けている要素なのです。

だからこそ、まずはマンスリーページを「大好き」で彩っていきます。

やりかたは単純です。まずはカラーペンやカラーマーカーを用意しましょう。3色ペンでもOKです。そして、色の意味を自分で決めていきます。

たとえば、黒は仕事の予定、赤は家族の予定、青は趣味の予定などなど。これにかぎらず、銀はチャレンジ、金はお祝いなども素敵ですよね。

色の意味を決めた後、３ヶ月先とか半年先の何も書かれていないマンスリーページを開いてください。そこへ、「大満足できる大好きな人生」をすごしていくための「予約」をしていきます。

たとえば、赤が家族の予定だとしたら、マンスリーページの１つの枠《わく》の内側を赤く縁《ふち》取っていきます。これで、その日は家族との予定を「予約」したことになりました。

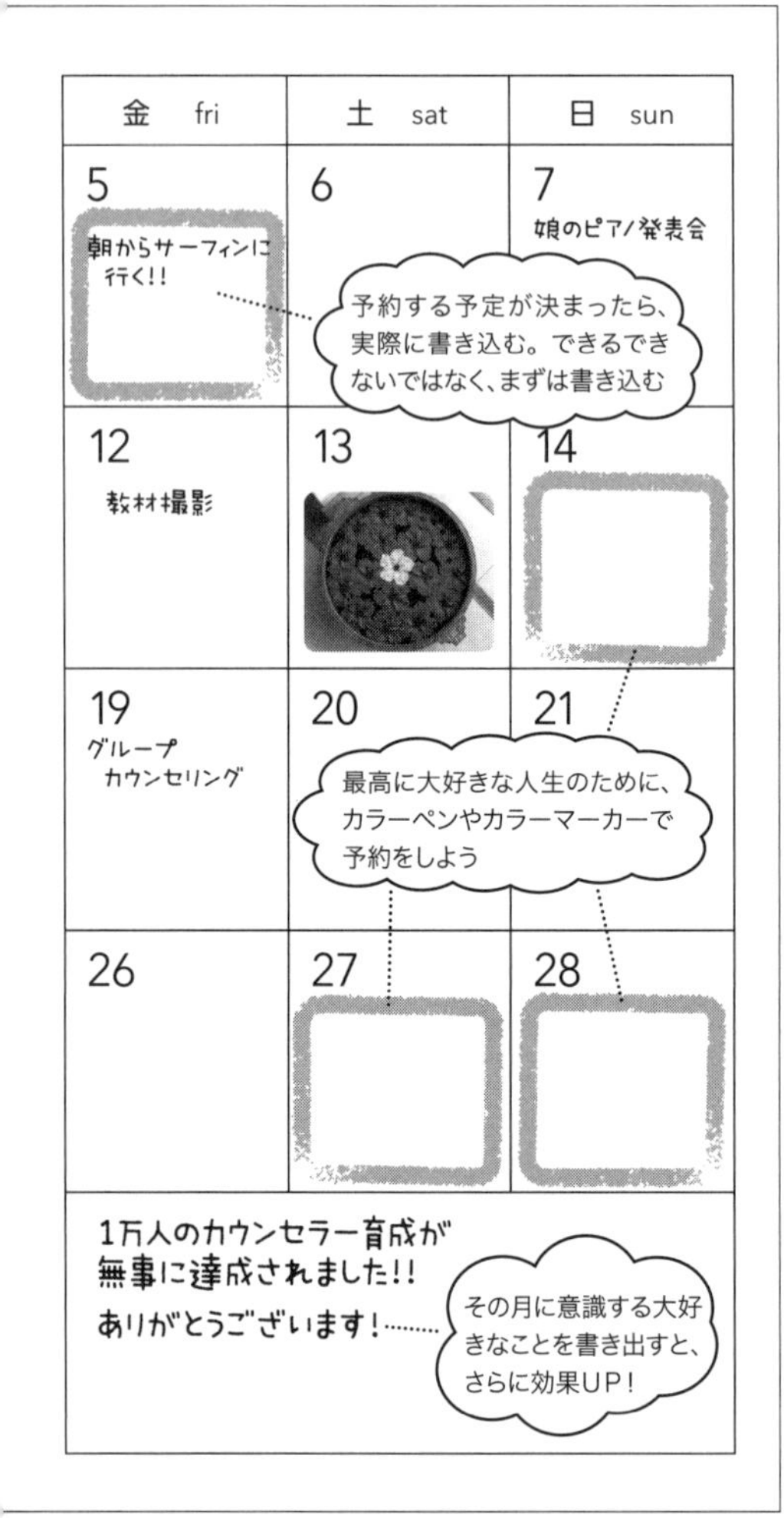

マンスリーページの書き方見本

6

できたらいいなリスト

- サーフィン週1回
- おうちキャンプでコーヒーを楽しむ!
- 撮影がいい感じにすべて終わる
- 大好きなノートを買う
- 妻と子どもとデートに行く
- 仲間とＳＵＰ

その月にやりたいこと、できたらいいなと思うことを好きに書き出すこのリストから、あらかじめ予約してあった日程に入れていくと、大好きなこと実行度がUP!

月 mon	火 tue	水 wed	木 thu
1 	2	3 出社ミーティング	4 葉山で動画撮影
8	9 全体会議	10 個別カウンセリング	11 個別カウンセリング
15	16	17	18 グループカウンセリング
22	23 勉強会	24 ホテルラウンジでお茶会	25 
29	30		

楽しかった出来事の写真を貼って喜ぶ

大好きなシールで予約するのもアリ

余白に自分の大好きな写真を貼るのもいい

ただ、具体的にどんな予定が入るのかはわからない場合が多いと思います。手帳の正しい使い方からすれば、まだ決まっていない予定を書くというのはタブーだと思いますが、**自分の最高に大好きな人生にするためにはそれはタブーではなく、大好きな予定から優先して「予約」することがむしろ重要**となっていきます。

この調子で最高に大好きな未来をワクワクしながら「予約」をしていきましょう。

仕事、お金、家族、趣味……あなたは未来に何を望んでいますか？　何を獲得したいですか？　どんな生活をしたいですか？　何を望んでいるのかがわからない場合、前項の【ステップ2】で書き出した項目をご覧くださいね。

それでは、枠をカラーペンで縁取りすることで遠慮なく「予約」をしていきましょう。

そして、その枠の中に具体的に何が入れば最高に大好きな人生になるのか、空白と向き合います。そして、「最高に人生が大好き」と言えるような予定を思いついたら書き入れていきましょう。

もちろん、書き入れてみたけど、予定通りにいかない場合もあります。その場合はどうしたらいいの？　ということに関しての説明は、次の【ステップ3】で説明しますね。

そして次に、「ウィークリーページ」の使い方も説明します。

最初に簡単に方法をお伝えすれば、ウィークリーページの一日分の枠の中に、通常の予定と一緒に「できたらいいな」も書き込んでしまいます。**毎日の現実的な「やるべき」予定の中に、ワクワクする「やってみたいこと」を入れ込んで、デコレーション（飾り付け）していく**というわけです。


物理的に無理なことでも、遠慮なく書いてください。たとえば、明日の13～14時まで、実際の予定である「会社の定例会議」と記入した後に、14時から唐突に「イタリア旅行に行く」と書いても〝OK〟です。

書くべきことに迷ったら、【ステップ1】でつくった「できたらいいなリスト」を参考にしてください。私が手帳に書いているものをあげると……、

- 家族とグランピングに出かける
- 大学から講演オファーをもらう
- ポルシェを買う
- 一食10万円のお寿司屋さんで夕食

●本を出版する
●クルーズ旅行に出発する
●神様から才能をもらう

どうでしょう？　かなり現実から乖《かい》離《り》している内容も書かれていますよね。でも、「ど

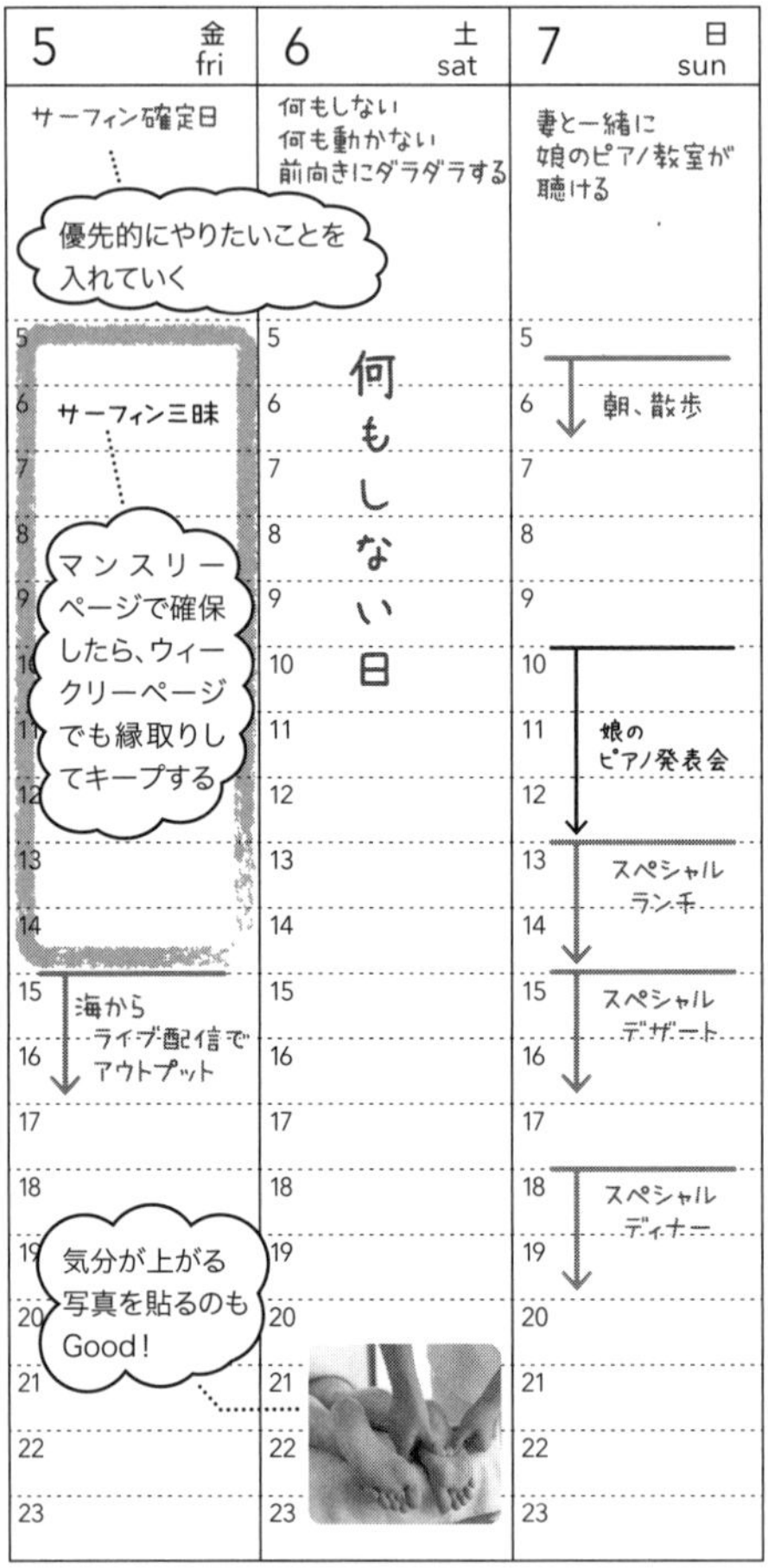

ウィークリーページの書き方見本

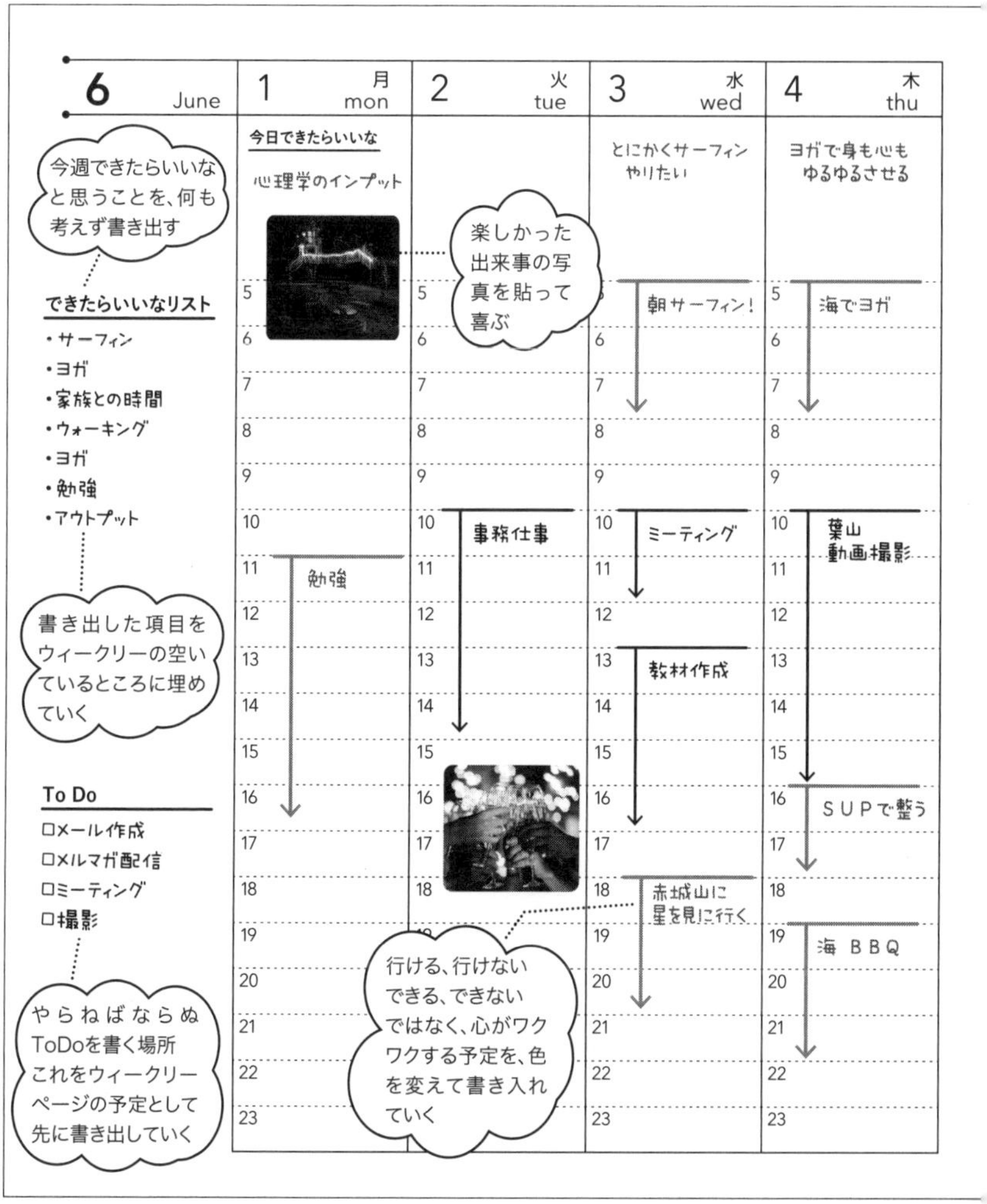

6 June
1 月 mon
2 火 tue
3 水 wed
4 木 thu
今週できたらいいなと思うことを、何も考えず書き出す
できたらいいなリスト
・サーフィン
・ヨガ
・家族との時間
・ウォーキング
・ヨガ
・勉強
・アウトプット
書き出した項目をウィークリーの空いているところに埋めていく
To Do
□メール作成
□メルマガ配信
□ミーティング
□撮影
やらねばならぬToDoを書く場所 これをウィークリーページの予定として先に書き出していく
今日できたらいいな
心理学のインプット
とにかくサーフィンやりたい
ヨガで身も心もゆるゆるさせる
楽しかった出来事の写真を貼って喜ぶ
朝サーフィン！
海でヨガ
事務仕事
ミーティング
葉山 動画撮影
勉強
教材作成
SUPで整う
赤城山に星を見に行く
海 BBQ
行ける、行けないできる、できないではなく、心がワクワクする予定を、色を変えて書き入れていく

うせできっこない、かなわない」という頭の中の独り言を脇に置きながら、直感で書き出していくのが大切になります。

ここは、マンスリーページでもやったように色で、現実的な予定とデコレーションした予定の違いがわかるように分けて書くことがおすすめです。

もちろん、最初は抵抗があるでしょう。

「漠然とした『やってみたいこと』とは違って、予定ははっきり決まっている約束でしょ？それを同じところに書くと混乱しない？」

そう思われても無理はありません。

でも、その「混乱」が大切なのです。私たちは、手帳の予定欄に書いたことは当然実行するものと考えており、実際に何としてでも間に合わせます。これは、かなりすごいことですよね。

ということは、いっそのこと、そこに「やってみたいこと」も書いてしまえば、同じく何としてでもやってしまうと思いませんか？　私は、**手帳を「自分で書ける予言書」**だと考えています。

とはいえ、こんな声もあるでしょう。

「でも実際は、書いたところで、実行不可能なものも多いよね？」

そのとおりです。たとえば、明日の予定にいきなり「エーゲ海クルーズ旅行に行く」と書いたところで、会社員の方が実際に行ける可能性は0に近いでしょう。

でも、**大切なことは、日常の予定レベルで自分の「できたらいいな」、つまり「大好きなこと」を認識すること**なのです。

「クリーニングに出した服を取りに行く」の予定の後に「エーゲ海クルーズ旅行に行く」と書いてあることで、脳は2つのものを同じ視点で処理します。これより、あなたの脳は「エーゲ海クルーズ旅行に行く」ことについて、単なる空想とは比べものにならないリアリティを持ちはじめます。

そして、脳は予測した報酬と実際の報酬に大きな差があるときに、ドーパミンを放出して、強い行動意欲を生み出します。

実際に明日になり、てっきり、あなたがエーゲ海にいるものだと予測していた脳は、「えっ!? なんで、今エーゲ海に行ってないの!?」と強い違和感を覚えます。そして、その違和感を解消する可能性のある情報に強い注意を向けるようになるのです。

たとえば、急に、普段は見ない海外旅行専門代理店のホームページを検索したり、会社の有給制度を調べ直したくなったりするかもしれません。「デコレーション」はこれだけあなたの脳を突き動かしてくれるのです。

ちなみに、「夢をかなえる」と称する手帳は、結構販売されていますね。ただ、そのほとんどは、「現実の予定記入欄」と「夢の予定記入欄」をきちんと分けています。

実は、その配慮がかえって自分の目指すところにリアリティを感じにくくして、行動するモチベーションを妨げている可能性があるのです。

ワーク

明日の予定に1個だけ、「できたらいいな」「やってみたいな」と思うことを書き入れてみましょう。ぜひ、ワクワクするデコレーションを体験してくださいね。

8 神戸流の手帳術【ステップ3】予定の達成未達成に関わらず、毎晩全力で自分を祝福する

次にしていただきたいのが、一日の終わりに自分をお祝いすること（セレブレーション）です。【ステップ2】でデコレーションしたその日一日の予定を振り返りながら、自分をほめてあげましょう。

こんな言葉を使って、全身で喜びを表現してください。

「よくできたね！」「やったー！」「すごいー！」「超うれしー！」「私、天才！」「私って最高!!」「私は私が大好き!!」

ポイントは、書いたことができていない日でも、「できたことにして」お祝いをするこ

とです。これは本当に大切です!!

お祝いは、力強いポジティブ感情を生みます。すると、あなたの脳はお祝いしている対象を重要な価値あるものだと判断して、今後の日常生活の中で、それに関係しそうな情報に最優先で注意を払うようになります。すると、ピンポイントのチャンスやアイデアに出合いやすくなり、いつのまにか、ちゃんと実行できるようになるのです。

もう1つ、大きな意義があります。できなかった予定を見て、「あぁ、できなかった、やっぱり自分はダメだ」と落ち込んでいる自分を癒せるということです。落ち込んで反省ばかりしていたら、そのうち手帳を見るのも嫌になりますよね。そんな最悪の事態を避けることができるのです。

「反省」の時間は最低限で構いません。それより時間をとってほしいのが、「祝福」の時間です。**何もできなかった日こそ、盛大にお祝いをしましょう!** 自分の本当の望みに向き合う体験ができたことは、事実なのですから。

なお、本気でお祝いしても、ちっとも喜びが感じられないこともありますよね。これも重要な発見です。実際にできたとしてもうれしさを感じない「できたらいいな」は、本心ではそこまで望んでいないことなのです。きっぱりと手放したほうがよいでしょう。

クリエイション&デコレーション&セレブレーションを毎日行うことで、毎日自分の望みの優先順位を仕分けられます。ちょうど、**デパートの惣菜売場で食材の味見をするように、未来に感じるはずの感情を一足先に味見して、望まない未来はあらかじめ避けることができる**のです。これだけでも、大きな意味があると思いませんか?


では、実際にやってみると、何が起きるのでしょうか? 私の例は後にして、ここでは受講生の例を1つ紹介しましょう。

その方は「占いカウンセラー」として起業中でしたが、いつも自信がなく、お客様もいない状態でした。口癖は「自分なんて……」。そこで、毎日の予定に3件のセッションの予約をデコレーションしてもらいました。そして一日の終わりには必ず「今日も3件のご予約をいただけた! 占いで起業して本当によかった! 私って最高!」とセレブレーションをしてもらったのです。

結果として、一ヶ月後には本当に満席予約をいただけるようなりました。

これも毎日のワークを通して、脳のフィルターが変わり、満席集客に必要な情報が優先的に目に入るようになったからです。

■ワーク

明日、【ステップ2】でデコレーションした予定を見ながら、結果を問わず、「できたらいいな」に向き合った自分を祝福してあげましょう。「最高！」「うれしい！」「おめでとう！」……どんな言葉でもいいので自分の脳を喜ばせていきましょう。

9 どんな未来も、手帳に任せよう

手帳のよいところは、いつでもどこでも開ける点です。予定の確認をしてはいけないシーンは、少ないですよね。仕事中でも、学習中でも、プライベート中でも大丈夫です。スマホが〝NG〟な場所でも、紙の手帳であれば〝OK〟な場合も多いです。

ですから、たっぷりデコレーションしたあなただけの手帳を常に携帯しましょう。結果として、次の3つの効果が期待できます。

効果①
日常の中の行動のきっかけを逃さなくなる

手帳を開いた後、あなたの「できたらいいな」リストをちょっと振り返ってみてください。その中には、わりと機会さえあれば、すぐにできちゃうことってありませんか？

私の体験をシェアしましょう。あるとき、私は娘と映画を見に行く予定の後に、思いつきで「動物園に行く」と赤ペンで書きました。そして映画を見た後に、ふと手帳を見たところ、「動物園」という文字が目に入ってきました。

そこで、映画を見終わった娘に、「この後、動物園に行ってみる？」と聞いたら、「行きたい」とニコニコ笑ってうなずいてくれました。二人で行った「動物園」は今でも楽しい思い出として残っていますね。

私は夢実現を支援する講師もしていますが、**夢がかなわない理由のナンバーワンは「チャンスの素通り」です。**どんなに情熱的に描いた夢でも、日常の喧騒《けんそう》に入ると、とたんに忘れてしまいます。そのため実現につながるチャンスに出合っても、素通りしてしまうのです。でも、手帳の予定欄に一緒に書き入れて、始終眺めていれば、そんな事態は避けられますよね。

効果②

「できたらいいな」のハードルが低くなる

逆に、何をしていいか、現時点では見当もつかないものもありますよね。しかし、そんなハードルの高い「できたらいいな」こそ、ぜひ手帳のウィークリーページにデコレーションして、眺めてください。

何度も目にするうちに、どんどん、取り組みへのハードルが下がっていくからです。

また私の体験をシェアしましょう。以前、私は「毎朝ウォーキングできるようになりたい」という「できたらいいな」を書いていました。

というのも、健康診断のたびに「スポーツは苦手ですよね」とお医者さんに言われるほど、運動が苦手だったのです。慣れないジョギングに挑戦して、膝《ひざ》を壊したこともありました。

そこで健康のために、せめて「ウォーキングくらいは……」という気持ちで、手帳のウィークリーページの毎日朝6時に「30分間ウォーキング」とデコレーションしたのです。

とはいえ、私は朝も苦手です。書いても書いても、実践しない日が続きました。でも、一日の終わりには、朝にきちんとウォーキングができたことにして、セレブレーションをしました。朝寝坊して実際はできていなくても、「今朝もウォーキングできた。すごい。えらい、やった～」と本気で自分をほめたのです。

これを3ヶ月くらい実践したある日、ショッピングモールに行きました。そして、なんと気づいたらスポーツ用品店に入って、ウォーキングシューズを手にとっていたのです。「黒がいいかな、青かな」と勢いでそのまま買ってしまいました。ついでに、ウェアも買いましたね。ちなみに、ウェアは青でシューズも青です！

そして、最初に予定欄にデコレーションした半年後には、きちんと朝6時に起きて、ウォーキングができるようになりました。義務感や強制ではありません。心から楽しんでウォーキングをしていたのです。

さらには、そこから運動自体にもハマり、サップやボルダリングやサーフィンもやるようになりました。昔の自分からしたら、信じられないことです。

「一度できたことは、二度できる」。当たり前のような言葉ですが、本当に大切なことです。やる前はできそうになかったことや怖かったことでも、一度できてしまえば、その後は平気な顔でできるものです。

そして、人間が素晴らしいのは、イメージと感情の力を使って、脳の中で「一度目」を仮想体験して、達成感情を先取りして、モチベーションをあげられることです。

あなたの「やってみたいけど、怖がっていたこと」は何ですか？　なんでも手帳に任せてみましょう。

効果③
その場の誘惑に流されず、やったほうがよいことをやれるようになる

人間の意志は本当に弱いものです。「夏までにマイナス5キロ、ダイエットするぞ」と決意しても、目の前に大好物が出たら、やっぱり食べてしまいますよね。「ダイエットは明日からする」とか言いながら……。

このように、将来待っている大きな結果（報酬）よりも、今すぐ手に入る小さな快楽のほうがよく思えてしまい、そちらを選んでしまう心理傾向を「遅延割引」効果と言います。

では、どうすれば、目の前の誘惑を振り切れるのでしょうか？　答えは、**未来の自分の力を借りる**ことです。

1つの興味深い研究を紹介しましょう。2013年、バッファロー大学医学部で行われた実験です。

参加者は、肥満気味でダイエット中の女性たちです。

彼女らに、まず大好物のファストフードやお菓子を鮮明にイメージしてもらい、「早く食べたい！」という気持ちになってもらいます。その後で、実際に好きなだけそれらを食べられる食事会に招待しました。

実はこの食事会の最中に、参加者らは、事前に録音に協力しておいてもらった次の2種類の音声を聞かされました。

A　参加者の理想的な未来の出来事について語ってもらった音声
B　描写が豊かな旅行エッセイの読み上げ音声

食事後に参加者の摂取カロリーを計算すると、面白いことがわかりました。

なんと、自分の声で自分の理想的な未来像を耳にしていたAの参加者は、そうでないBの参加者よりも約3割も摂取カロリーを抑えて食事をしていたのです。

すなわち、**自分の語りにより理想的な未来像が鮮明になったことで、最も目先の誘惑に負けそうなシーンでも、無意識に自分をセーブできた**のです。


あなたがデコレーションした手帳は、まさにこの役割を担ってくれます。

「あぁ、どうしよう。ここは、我慢しなきゃ」というシーンでは、ぜひ手帳を開いてみてください。そして、そこにある祝福に満ちた「できたらいいな」をじっくりと見てください。きっと、本来進むべき道に戻ることができますよ。

私自身も迷ったときは、反射的に手帳を見ています。おそらくは、無意識に何度も何度も助けられてきたことでしょう。

ワーク

あなたにとって「怖いけど、なんかやってみたい」ことって何ですか？

それを1つ明日の予定にデコレーションして、できてもできなくても、次の日の夜にはセレブレーションしましょう。

その繰り返しで、いつのまにか怖かったことに平気で取り組めているあなたになれますよ。やる前の恐怖の正体は「人生が変わってしまう恐怖」です。ぜひ、手帳を活用して、新しい自分へと進んでいきましょう。

10 人生を進める最大の武器「根拠のない自信」を手に入れよう

日々、手帳に「やってみたいこと」を書き、眺め、お祝いをしていると、自然と身につくものがあります。それが「根拠のない自信」です。

経験済みのことに自信があるのは当然です。

でも、その自信を未経験のことにも持つことができるのです。まったく経験のない難しそうなオファーがきても、「なんだかできそうな気がする！」とワクワクして、「はい！やります！」と自分から手をあげられる。そんなあなたになれるのです。素晴らしいことだと思いませんか？

またまた私の経験をシェアしましょう。ある大学から、「メンタル」についての特別授業の依頼をいただいたことがあります。

今でこそ慣れましたが、当時ははじめての経験であり、戸惑いました。アカデミックな場所で登壇したことなんてなかったからです。「えー、どうしよう……」という感じでした。

でも、すぐにこんな想いが湧きあがってきます。

「でも、どうせ最後はうまくいくのだろうな」

私の手帳術では、何があっても、最後はセレブレーション（お祝い）です。そう思うと、楽しくなってきました。「根拠のない自信」が湧いてきたのです。「今は何を話していいかが浮かばないけど、当日までには、きっとよい講義内容が浮かんでくるのだろうな」と、とても楽観的になり、迷わずオファーを受けました。

講義当日は、とてもスムーズに授業が進み、生徒とともに楽しんだキラキラした記憶が今でも残っています。

「根拠のない自信」については、こんなエピソードがあります。

1985年、のちにコメディ映画の名優になるジム・キャリーは、1つの試みをしました。自分宛てに1000万ドルの小切手を書いたのです。

支払い日付は「1995年の感謝祭（アメリカの祝日）」、但し書きは「演技の仕事に対する支払いとして」。彼はこの自分宛ての小切手を財布に入れて、常に持ち歩いていました。

財布を開くたびに、小切手が目に入ります。そのたびに夢が思い出されて、しかももう実現している気がして、いつでもワクワクできるのです。今まで見てきた、デコレーション＆セレブレーションに通じますね。

やがて、すっかり「根拠のない自信」が育まれた彼のもとには、数々の映画の主演オファーが舞い込むようになりました。『エース・ベンチュラ』『マスク』『ジム・キャリーはMr.ダマー』などなど。いずれも全世界で大ヒットをした名作です。

そして、1995年の感謝祭時点での銀行口座は、1000万ドル（日本円でおよそ1億4千万円）を超えていました。

多くの人は、未来に「自信」ではなく「不安」を持っています。でも、その「不安」には根拠はあるのでしょうか？

2020年、ペンシルベニア大学のルーカス・S・ラフレニエールらの研究によれば、抱いた「不安」の約9割は実際に起きず、実際に起きてしまったことでも、その約3割は「思ったほどでもなかった」ことがわかりました。つまり、私たちは「根拠なき不安」をいつも抱いている可能性が高いのです。

ワーク

どうせ根拠がないのであれば、「不安」よりも「自信」を持った方が、有益だと思いませんか？　ぜひ、あなたも手帳を活用して、「根拠のない自信」をかばんに入れて持ち歩きましょう。

11 手帳は人生のコントローラー 大事な選択の前に必ず開こう

私たちは、自分の人生は自分で決めてきたつもりでいます。**でも、実際の私たちの選択は、その選択直前の誘導に大きく左右されてしまうのです。**

2003年、著名な行動経済学者ダン・アリエリー教授は、こんな衝撃的な実験結果を発表しました。

実験参加者は、名門大学マサチューセッツ工科大学で経営を学ぶエリート学生55名です。参加者はあるオークションに参加してもらいますが、入札開始直前に、自分の社会保障番号の下2桁（00~99）を書いてもらいました。教授は、これからはじまるオークションで、その書いた数字分のドルを払ってもいいかどうか尋ねます。

たとえば、下2桁が「99」なら、オークションで99ドル払ってもいいか、という感じです。もちろん拒否してもOKです。正直、意味のない質問ですよね。社会保障番号は、ただの数字の羅列《られつ》です。その人の今のお財布状況やほしい商品の価値とは何の関係もないはずです。

しかし、その後の入札では驚きの結果が待っていました。なんと、社会保障番号の下2桁の数字が大きい参加者は、小さい参加者の50％以上高い金額で入札していたのです。

たとえば、入札対象の1つである「ワイヤレスキーボード」については、社会保障番号の下2桁が【20未満】の学生は、平均【16】ドルで入札していました。これに対して、【80以上】の学生は、平均【55】ドルで入札していたのです。

このように、先に与えられた情報や数字によって、無意識のうちに判断を歪められてしまう現象を「アンカリング」効果といいます。船がアンカー（錨《いかり》）を下ろすと水上の一定範囲にとどまってしまうイメージからできた心理学用語です。

なかなか怖い話ですよね。なにしろ、頭脳明晰《めいせき》なエリート学生たちでさえ、知らずに影響されていたのですから。

現代においては、意図しないものを含めて、膨大なアンカー（錨）となる情報が、私たちの周りに溢れています。私たちの大小の選択は、少なからずそれらに引っ張られているのです。

対策はただ1つ、自分で自分にアンカー（錨）を打つことです。

具体的には、**あなたがつくった手帳を人生の大事な選択の前に必ず開いてみましょう。**

そこには、あなたの祝福に満ちた過去と未来が描かれています。

そのエネルギーにひたった状態で、心の赴くままに未来を選んでみましょう。その繰り返しで、必ずや悔いのない人生がおくれるはずです。

手帳は、あなたを理想の人生に導くコントローラーです。

ワーク

今度、何か大事な選択をするときは、直前に目にするものに注意を払いましょう。可能であれば、手帳だけを開いた状態で、日常の選択にのぞみましょう。

12 ポジティブな気分になる15個の恩恵

「結局、『ポジティブでいなさい』ということでいいの?」

ここまで読まれて、そう感じた方も多いと思います。

答えは、おおむね〝YES〟です。もう1つ付け加えるとしたら**「いつでもポジティブな状態を選べるようにしてください」**ということ。**ポジティブは意図して選択できる「状態」である**ということをここでお伝えしたいのです。

アメリカのナンバーワンコーチ、アンソニー・ロビンズのセミナーが日本で開催された際、私も千葉の幕張メッセでアンソニーのエネルギー溢れるセミナーに参加していました。

そこで、印象的だったのは「言葉と行動で状態(ステート)を変えろ!」という言葉。

ポジティブとは前向きな感情を能動的に味わっている状態と言えますね。

そもそも「感情」とは何でしょうか？

いろいろな定義がありそうですが、英語の語源を見ると、一発で理解できるでしょう。英語では〝emotion〟ですが、この語源はラテン語の〝emovere〟であり、これは「エネルギーの動き」という意味です。

つまり、**感情とは、あなたのエネルギーを動かすもの**なのです。

したがって、何か行動を管理したいときは、まずは感情を管理する必要があります。その行動の目指すところに、あらかじめポジティブな感情を持つことができれば、自然とそちらに向かっていけるのです。


ポジティブな気分でいることは、単に心地よいだけでなく、あなたの心身に数多くの恩恵をもたらしてくれます。以下は、科学的にも検証されたものです。

❶注意の範囲が広がる
❷行動のレパートリーが増える
❸直感力が増す
❹創造性が高まる

❺心血管の後遺症からの回復が早まる
❻前頭葉の機能のバランスをとれる
❼免疫機能が高まる
❽逆境からの回復力が増加する
❾幸福感が増す
❿心理的な成長を実感できる
⓫ストレスを誘発するコルチゾールのレベルを低下させる
⓬ストレスによる体内の炎症反応を低下させる
⓭運動後の翌日の身体的な痛みを減少させる
⓮風邪の原因であるライノウイルスに対する抵抗力を高めてくれる
⓯脳卒中になる確率を減少してくれる

個人にとっても集団にとっても、ポジティブになることは「繁栄」をもたらしてくれるのです。年を重ねても、ポジティブでいる人は輝き、人の人生を引っ張るリーダー的存在となりやすいですよね。

ポジティブでいることは、人間の成長と幸せにとっては、不可欠な特性なのです。

ですが、もちろん私はカウンセリングの際に、相談者にポジティブさを押しつけることはありません。あくまでポジティブな感情を選べるように、目の前の存在（相談者）へ愛をもって寄り添っていくのが、カウンセリングにおける傾聴だからです。

しかし、カウンセリングの現場を離れ、夢実現を具体的に応援する場面では、私は、モチベーションを上げ、もっと未来が明るく心地よくポジティブになっていただけるように、質問や言葉がけをしていきます。

このような援助を具体的に受けることによって、ネガティブ感情を上手に管理し、より豊かさや幸せを味わいやすい状態になることは可能なのです。

ネガティブな感情は、逃避・回避的感情と呼ばれています。特に生存に関するネガティブ感情（不安、怒り、嫌悪、恥、悲しみ）が優位になると、最悪な結末の想像や過去の惨めな失敗ばかりが頭に浮かぶようになり、行動意欲が一気になくなります。そのため、何も行動ができなくなってしまうのです。これだけは避けたいですよね。

せめて、ポジティブとネガティブの割合が半々になるくらいまでは、ポジティブを強化し、感情のバランスがとれるようにと私はいつも考えています。ネガティブとポジティブを道具のように上手に取り扱い、感情を選択できるようにさせるのが、カウンセラーの1つの理想形です。

あなたもぜひ、**手帳を「自分専属カウンセラー」とする**ことで、より心地よくポジティブな感情を選択できるような環境構築を目指してください。

ワーク

ポジティブを意図的に選択できるようになる第一歩は、普段の「口癖」を変えることです。あなたをポジティブな状態にする「口癖」をリスト化していきましょう。

そして、「うれしー!」「たのしー!」「最高!」「ありがとうございます!」。何かよいことがあったときは、大げさなくらいに声にしてみましょう。

13 「今ここ幸せリスト」で最短で「幸せ」を生み出す

ポジティブを追求していくと、最終的には「幸せとは何か」の議論にいたります。カウンセラーとして約1万人と接してきましたが、「幸せ」の定義は千差万別です。

でも、「いつもポジティブな感情を感じられる状態」という定義には、異論は少ないでしょう。ここでは、幸せについて考えてみましょう。

あなたは「幸せ」について、どんなイメージがありますか?

多くの方は高いハードルをイメージします。「ガムシャラに頑張って、目標を達成してはじめて得られるご褒美《ほうび》」だと思っているのです。それだと、なんだか遠いところにあるものと思い、自分とは無関係のものに思いがちです。

これは世界的な傾向のようです。

2011年の行動経済学者ポール・ドーランのイギリスでの調査では、「すぐに幸せになれる薬（副作用なし）があったら飲むか？」という問いに対しては、回答者の75％以上が「飲まない」と答えました。代表的な回答理由は、「すぐに幸せになってしまうのは、なんだか不自然だから」でした。

それにしても、なぜこんな損な考えをしてしまうのでしょうか？　原因は、やはり私たちの脳の構造にあります。

人が行動する理由は、不足に感じるものを満たしたいからです。逆に言えば、いつも幸せに満たされていたら、行動する理由がなくなります。とはいえ、ずっとボーッとしていたら、急な状況の変化に対処できません。

そこで、私たちの脳は生命維持のために、あえて幸せを感じにくくして、常に問題解決に気を張らせているのです。

でも、正直言って、これはお節介な機能です。いつ命を失うかわからない原始時代ならまだしも、文明化した現在では不要なものです。

むしろ現代社会では、**まず幸せになり、その状態で問題に向かっていくほうが成果を出しやすい**のです。

ポジティブ心理学の大家、ソニア・リュボミアスキー女史によれば、幸せな人は前向きでポジティブな感情をいつも感じているので、新しい挑戦にどんどん取り組んでいけます。また、楽観的で社交的なので、応援もされやすくなります。結果として問題解決がうまくいき、多くのものを手に入れることができるのです。リュボミアスキー女史は言います。

「幸福な人は、そうでない人よりも、充実した結婚や人間関係、高収入、優れた仕事の成果、地域社会への貢献、心身の健康、さらには長寿を手にする可能性が高いのです」

何も待つ必要はありません。今この場から、幸せになりましょう。そして、望むものを手に入れて、人生を豊かにしましょう。

では、どうすれば、すぐに幸せを感じられるのでしょうか？

この点、心理学者のフレッド・ブライアントは、「幸福度が非常に高い人は、ポジティブな経験を深く味わう力が高いこと」を発見しました。

私たちはとにかく「今自分にないもの」を求めようとします。でも、**幸せは「何か足り**

ないもの」を手に入れることではなく、「今あるもの」をしっかり味わうことで感じられるのです。


そのために、このルールをまず覚えておいてください。

一番簡単な方法が**「今ここ幸せリスト」**です。

これまでの人生であった幸せな出来事を書き出しておき、ルーティンとして、そのうち1個をあたかも今ここで体験するかのように味わいます。おすすめは就寝前に見て味わうことですね。私のリストの一部を紹介すると……、

❶妻との結婚式で、チャペルを出てフラワーシャワーを浴びたときのこと
❷生まれたばかりの子どもを車の後部座席にのせて、逗子の自宅に向かうときのこと
❸高等専門学校の合格発表を見に行き、「1032」という自分の番号を見つけたときのこと
❹はじめての出版のときに、新宿紀伊國屋本店に両親と一緒に行って、記念撮影をしたときのこと
❺沖縄で開催された人生初の登壇セミナーで、講師紹介されたときのこと
❻新婚旅行で、フロリダでディズニークルーズに行ったときのこと
❼会社の仲間と家族ぐるみで有馬温泉にいき、記念撮影をしたときのこと

❽念願のキャンピングカーが納車されて、そのまま京都まで車中泊しながら旅行したときのこと
❾ファミレスで娘から、「パパはゆい（娘の名前）の隣に座って」と言ってもらえたときのこと
❿5000人規模のセミナーに登壇して、参加者全員で「かなう夢だから心に宿る！」と唱和したときのこと

人生でやるべきことがあるとすれば、このリストの項目数を伸ばしていき、より長く「今幸せを味わう時間」をとることだけかもしれません。

ワーク

この場で、あなたの「今ここ幸せリスト」を書き出してみましょう。たくさんあげられなくても構いません。大切なのは、書き出したものを味わう時間です。ぜひ、じっくり味わって、今ある幸せをしっかり体感してみましょう。

14 ポジティブになれないメソッドは、今後一切やらなくていい

この章の最後にこんな話をさせてください。

ポジティブであれば、今を心地よく幸せに生きられて、どんどんと新しい挑戦に取り組めます。人生の可能性が大きく開花し、望むものがたくさん手に入るでしょう。

逆に言えば、**どんなに定評のあるメソッドでも、一度やってみて、あなた自身が心地よくポジティブになれなかったら、それ以降は一切やる必要はない**のです。

例をあげましょう。昔から「正しい」目標設定には、次の5つの要素があるとされていました。

❶Specific（具体的である）
❷Measurable（測定可能である）
❸Attainable（達成可能である）
❹Relevant（現状とつながっている）
❺Time-Bound（締め切りが決められている）

頭文字をとって、通称**「SMARTの法則」**と呼ばれているものです。まぁ、非の打ちどころがありませんよね。でも、実際にやってみるとどうなるでしょうか？

ストックホルム大学のマーティン・オスカーソンらの研究チームは、新年に立てた目標がどのようにすれば達成されるかを1年がかり（2017〜2018年）で実験をしました。本研究のスゴいところは、実験規模です。人気テレビ番組の協力も得て、1066名のモニターが1年間付き合ってくれました。目標の種類については、「自分が身につけたい習慣を定着させる」ことに統一しました。

さて、研究チームはこのモニターの一部のグループのみ、わざとサポートを厚くしました。前述の「SMARTの法則」をこっそり教えて、目標設定を強化したのです。

さらに期間中6回の中間確認を行い、特別メール講座まで行いました。ここまですれば、1年後ダントツで目標を達成していそうですよね。


しかし……結果は衝撃的でした。なんと、この「SMARTの法則」をしっかり活用した特別グループの目標達成率は、何のフォローもしなかった参加者よりもあきらかに低かったのです！


なぜこんな現象が起きたのでしょうか？　研究チームの考察からは、「目標設定のパラドックス」がうかがえます。

「SMARTの法則」は完璧なものです。そのとおりに目標をつくれば、やるべきことは明らかになります。しかし、同時に「できなかったこと」がいやでも自覚されます。「やることをやっていない」「締め切りを守っていない」「自分との約束を守れていない」……そんな自責の念が日々湧いてきます。6回の中間目標の確認は、それに拍車をかけます。

しっかり指導・支援されているというプレッシャーもあるかもしれません。

すると、どうしても自分を「ダメな奴・情けない奴」と考えるようになり、いつのまにか目標へ向かう気力を失い、結局何もしなくなってしまうのです。

つまり、夢実現・目標達成に最も必要なポジティブな気持ちが消え去ってしまったのです。いくら定評のあるメソッドでも、これでは意味がないですよね。

もちろん、「SMARTの法則」を実践して大成功した方はたくさんいます。その方は、実践の中で幸福とも呼べるポジティブ感情を体験できた方なのです。

本書記載のものも含めて、**何かのメソッドを実践するときは、「ずっと心地よくポジティブな気持ちでいられるか」に注意してください。**「正しさ」より大切なことは、「楽しさ」です。

ワーク

ここまで様々なワークやメソッドをご提案してきましたが、少しでもポジティブさを感じられなかったものは、忘れてください。

やっていて「楽しくて、たまらなかった」「すごく前向きになれた」ものだけ、繰り返してみましょう。

15 本章のポイントと次章の予告

いかがでしたか？　ぜひ、今日から、あなたが手を加えた手帳とともに、人生を歩んでいきましょう。どこに行くときも連れていってあげてください。

そうしたくなるコツは、**あなたの手帳に名前をつけてあげること**です。名前をつけることで、あなただけの手帳になります。

尊敬する人の名前をつけたり、友達のように呼べる名前をつけたり、好きな言葉を名前にしたり、なんでも構いません。たとえば「クレアーレ（ラテン語で創造の意味）」「ミライ手帳」「じぶん未来図鑑」「エトワール（フランス語で星の意味）」など、つい自分が手に取って側に置きたくなるような名前をつけ、それを書き込みます。

私の場合は「Sky's the limit」。意味は「可能性は無限大」。尊敬するマザー・テレサのように、人の無限の可能性を信じ、世界平和に貢献できる人になるのが、私の最終的な「できたらいいな」です。

「Sky's the limit」と名付けたことで、手帳に触れ、開き、予定をつくるたびに、自分の可能性が無限大に広がる感覚になります。

人生の選択に迷っているときに、開いたページがヒントになったり、落ち込んだときに励ましてくれたり。心の支えであり、師匠でもある。あなたも手帳を開き、そこにある輝かしい自分の世界と一緒に人生を進んでいきましょう。

さて、次章では、さらにあなたの手帳をパワーアップさせます。「文字」よりも、はるかにあなたの行動と成果を促進させるものは何か？　世界的な成功者も実践している方法をご紹介しましょう。

本章のポイント

- 大好きなことは、結局、いろいろ試したあとに見えてくる

●でも、脳は新しいことをしたくない
●新しいことをするには、その行動に対する脳の評価を変える必要がある
●そのために必要なのが「鮮明なイメージ」とそれに伴う「ポジティブ感情」
●繰り返しイメージを刻み込むには、「手書き」がよい
●手帳を使うと、前向きでポジティブ感情が養われる
●「できたらいいなリスト」をつくる（クリエイション）
●マンスリーページに「できたらいいな」を予約する（デコレーション）
●ウィークリーページに「できたらいいな」を書き加えていく（デコレーション）
●予定ができてもできなくても、毎晩全力で自分を祝福する（セレブレーション）
●根拠のない「自信」を持とう
●大事な選択の前に、デコレーション&セレブレーションした手帳を開いておこう
●迷ったら、心地よいポジティブ！
●幸せは「なしとげること」ではなく、「味わうこと」から生じる
●毎晩、「今ここ幸せリスト」を味わおう
●どんなに正しいメソッドも、やってみてポジティブになれなかったら、その後は一切やらなくてよい

第3章

「宝地図」で、手帳をさらにグレードアップさせよう

前章では、手帳を通して、あなたの「大好き」を探す行動をはじめる方法をお伝えしました。**とにかく動き、いろいろ試せるあなたになれれば、必ず「大好き」にめぐり会えます。**あとは、好奇心に身を委ねるだけで、自動的に人生はうまくいきます。

とはいえやはり、何か行動を起こしたならば、できるだけスムーズに大きな成果にたどりつきたいですよね。本章では、そのために、あなたの手帳をグレードアップさせる方法をお伝えします。

1 大きな成果を出す人は、よそ見しない人

では、そもそも、大きな成果をスムーズに出す人ってどんな人でしょうか？

たとえば、「金銭的な豊かさ」というテーマで考えてみましょう。だれもが関心のある

ことですよね。

2018年、テンプル大学のウィリアム・ハンプトンらは、2564名を対象に「収入の高さを決める最大要因」について調べました。「結局、お金持ちになるために必要なことは、◯◯だよ」の◯◯の部分を追求したのです。

あなたは何が入ると思いますか？　家柄？　人種？　学歴？　IQ？　出生地？　容姿？　人脈？　残念ながら、どれでもありません。

答えは……**「衝動的な誘惑に乗らないこと」**だったのです。


人生に誘惑はつきものです。

「ダイエット中なのに、お菓子をつい食べはじめ、一袋空けてしまった」

「締め切り前なのに、動画を見はじめて、一日が終わってしまった」

「使ってはいけないお金なのに、『本日までセール』の広告に我慢ができず、限定品を購入してしまった」

程度の差はあれ、あなたも経験があるでしょう。私もあります。

でも、大きな成果を出す人は、こうした悪魔のささやきに屈せず、そのときにやるべきことを淡々とやりぬいた人です。**大きな成果を出す人は、よそ見をしない人**だと言えますね。

いかがですか？　とてもシンプルですよね。「でも、それができないから大変なんだよ！」という声も聞こえてきそうですが、ご安心ください。

この点につき、ハンプトンらは重要なヒントを教えてくれました。

「より大きな報酬が得られる未来の自分を鮮明にイメージできれば、人はより我慢強くなれる」

そうです！　やはり、**イメージの強さ**なのです。

本能に訴えかける甘い誘惑を前にしても、その先に待っている輝かしい未来像のほうが鮮明であれば、人はきっぱり断って、ひたすら目指す未来像の実現に前進できるのです。

鍵は、**自分の頭の中のイメージを目に見えるように、鮮明にビジュアル化できるかどうか**です。

この点を最も理解しているのが、シビアなビジネス界です。

代表的な例が、ヒルトン・ホテル創業者コンラッド・ヒルトンでしょう。そのはじまりは、ドライブインの小さなホテルでした。

ヒルトンは自室の世界地図に次々とホテルの写真を貼り、そこに手書きで「ヒルトンホテル・ニューヨーク」「ヒルトンホテル・パリ」などと加えていったのです。のちに写真を貼った場所には、すべてヒルトンのホテルが建ちました。

アメリカの大手銀行TD Bank, America's Most Convenient Bank®は、全米の1127人の個人企業家と500人の中小企業オーナーを対象に、「目指す未来像のビジュアル化」について調査しました。結果は想像を超えるものでした。

❶5人に一人の個人事業主が、起業時に目指す未来像をビジュアル化しており、そのうち76%は当初思い描いていたとおりの現在をすごしている
❷起業時から目指す未来像をビジュアル化する手法を試した中小企業経営者の82%が、これまでの目標の半分以上を達成している
❸自分の目標達成を強くイメージしている消費者は、そうでない消費者に比べて2倍以上自分の経済面の健全性に満足している
❹自分の目標達成を強くイメージしている人はそうでない人に比べて、予算に対する不安が少なく、挑戦の道のりで達成感と幸福感を感じる割合が高い

❺ミレニアム世代（２０００年前後に社会人になった世代）の起業家の89％が、事業計画をつくる際に目指す未来像をビジュアル化する手法を活用している

驚きですよね！　もはや、**自分が目指す未来イメージのビジュアル化は、「大好き」を形にしていきたい人全員の必須スキル**なのです。あなたも本章でそれを身につけましょう！

ワーク

あなたが体験してみたい、実現してみたい「大好きなこと」は何ですか？

それが形になって、あなた自身が幸せを味わい、多くの方が喜んでいるところを具体的にノートや手帳に書き出してイメージしてみましょう。

2 イメトレが苦手でも問題なし！「写真」を使って自分だけの「宝地図」をつくる

では、どうすればあなたのイメージをより鮮明にすることができるのでしょうか？

結論から言うと、「写真」を使います。**手帳の空いた1ページを使って、あなたが目指したい理想の未来をイメージする写真を貼る**のです。

イメトレが苦手という方は多いですよね。りんごをイメージしてと言われても「目をつぶっても、赤い枠がぼんやりしか浮かんでこない」。これが普通です。だから、写真を使って、イメージの補助をするのです。

ちょっとズルい気がしますか？　でも、ご心配なく。効果は科学的にも検証済みです。

1つの代表的な実験を紹介しましょう。2012年、カナダの名門トロント大学のゲーリー・レイサムらが行ったものです。

テーマは、ずばり「インターネットで簡単に手に入るモチベーションを上げる写真を見せるだけで、職場のスタッフの成績は上がるのか？」。

本実験は、コールセンターで行われました。58名のスタッフを次の3つにわけ、一日4時間程度、4日間にわたり、指定された写真を見ながら募金依頼の電話をしてもらいます。

A　ゴールテープを切る女性運動選手の写真
B　コールセンターでイキイキと働いている人の写真
C　比較のため写真は一切見せない

結果、集めた募金額に大きな違いが見られました。

写真なしのCの募金額に比べて、一般的な達成シーンをいつも目にしたAは、60％増しの額を集めていました。さらに、今の自分たちの環境にふさわしい達成シーンをいつも目にしたBは、85％増しの額を集めていました。


なぜこんな現象が起きたのでしょうか？　実験後、参加者にインタビューをしても、「写真のおかげだよ！」と答えた人は0でした。謎ですよね。

この点について、研究チームは、写真の中のあるべき姿が、いつのまにか自分の指針になって、「これではいけない。自分はもっとできるはず！」とスイッチが入ったと分析しています。

たった1枚の写真を視界に置いていただけで、行動の選択が変わり、成果も変わったのです。こんな現象が、あなたの目指す分野でも起きたら素敵だと思いませんか？

人間の脳が持つ視覚情報を処理する力は、想像以上のものがあります。

認知科学者メアリー・ポッターらの実験によれば、人間の網膜は0・013秒だけ投影された画像であっても、後日きちんと識別できていたことがわかりました。そう言えば、テレビCMで一瞬見ただけの商品を、スーパーマーケットで「あ、これCMで宣伝していたものだ」と思い出せる経験ってありますよね。

現在は素晴らしい時代です。インターネットで画像検索をすれば、いくらでもイメージに近い写真が探せます。個人的な使用であれば、多くの場合はダウンロードしても差し支えがないでしょう。

さらには、画像生成ＡＩの発達も目覚ましく、「これだ！」という、世界で１枚のイメージ写真をつくることも可能です。そう考えれば、私たちは、望むことはなんでもできてしまう気がしませんか？

ワーク

あなたが「できたらいいな」「あったらいいなぁ」と思うものを１つ思い浮かべて、そのキーワードで画像検索をしましょう。

イメージに近い写真を１つ選びダウンロードして、手帳の空きページに貼って、眺めてください。これだけで、あなたは自然に目指す未来に歩きはじめていますよ。

3 世界一のインフルエンサーやアーティストの「写真」の使い方

「写真」の存在が、いかにあなたの行動力をアップさせるか、ご理解いただけましたか？こうした「写真」の効果を最大限活用した手法が、**「宝地図」**です。

自分の理想の未来像に近いイメージの画像や写真・イラスト・メッセージなどを、1枚のボードに集めて、それをいつも眺めるというビジュアル化の手法です。欧米では、近年の「引き寄せブーム」の中で「ビジョンボード」とも呼ばれています。実際に世界クラスの大成功者が実践している方法です。例をあげましょう。

A リリー・シン

彼女は、チャンネル登録者数１４４０万人を誇る世界的なYouTuberです。

２０１０年に大学を卒業し、何もないまま投稿をはじめた彼女には厳しい日々が待っていました。しかし、リリーはいつも自分の夢をビジュアル化して、眺めていました。貼った夢は、途方もないものでした。

❶元トッププロレスラーでハリウッドスターのザ・ロック（ドウェイン・ジョンソン）と友達になること
❷YouTubeで登録者500万人を達成すること
❸世界的経済雑誌「フォーブス」の表紙に載ること

数年後、彼女はこのすべてをかなえたのです！

２０１７年、彼女は「フォーブス」誌において「世界で最も収入が高いYouTuber」に選出されました。憧れのザ・ロックとも交友を持ち、はじめて会った瞬間の動画は、現在８００万再生を誇っています。他にも、ロサンジェルスの一等地に住むことや女優・司会者デビューなどの夢を形にしています。

B チャーリー・ダミリオ

彼女は、18歳でTikTokフォロー数1億人を達成した唯一無二のインフルエンサーです。13歳の頃から夢をビジュアル化して、そこに「スーパーボウルのハーフタイムショーでもパフォーマンスをした『ジェニファー・ロペス』と踊る！」と書いていました。
２０２０年、ロペスの娘がフォロワーだったことがきっかけで、念願の共演を実現させました。

C ビヨンセ

彼女は、史上最多のグラミー賞受賞記録を持つ女性アーティストです。YouTubeの公式ドキュメンタリーの中では、壁一面に貼られた彼女の夢の写真を見ることができます。
あるとき、彼女は女優業も志しました。そこで自宅のルームランナーのそばにアカデミー賞を受賞したイメージ写真を貼り、毎日眺めていました。その結果、主演作『ドリームガールズ』は、アカデミー賞にノミネートされました。

D オプラ・ゲイル・ウィンフリー

彼女は、世界で最も有名なトーク番組の１つ「オプラ・ウィンフリー・ショー」の司会者にして、慈善家としても名高い黒人女性です。

彼女は、あのバラク・オバマ大統領の選挙ブレーンを務めたことでも有名です。その選挙会議で、彼女はオバマ夫人から、夫のバラクがホワイトハウスにいる姿を強くイメージしてほしいと言われました。

家に帰った彼女は、さっそくオバマ大統領誕生のイメージ写真とその就任パーティーで着たいドレスの写真を貼って眺めていました。結果、2008年大統領選挙で、初の黒人大統領オバマが誕生しました。

E アーノルド・シュワルツェネッガー

『ターミネーター』などでおなじみの世界的映画スターであるアーノルド・シュワルツェネッガー。ボディビルダー時代から彼は、寝室の壁に尊敬するボディビルダーやモハメド・アリの写真を貼っていました。

そして就寝時と起床時に必ず見て、モチベーションを高めていました。のちに俳優業に進出したときや、カリフォルニア州知事選に出たときも、同様の方法で栄冠をつかんでいました。

F ミランダ・カー

彼女は、ヴィクトリアズ・シークレットのエンジェルやヴォーグのカバーガールを務めた世界的トップモデルです。

現在は、スキンケアブランドの創業や家具デザインなど実業家としても大活躍しています。3児の母親でもある彼女のライフスタイルは、世界中の女性の支持を得ています。

そんな彼女は、無名時代から大きな厚紙に目標を書き、雑誌の切り抜きなどを貼り、寝室に置いていました。この姿勢は今でも変わりません。家具のデザインで携わったユニバーサル社との顔合わせでは、理想の家具のイメージを貼り付けたボードを持参した逸話があります。

G ケイティ・ペリー

ケイティ・ペリーは、4つのギネス記録を持つスーパーポップアイドルです。

彼女は9歳のときに、自分の夢をビジュアル化する授業を受けました。そこに貼ったのは、大好きなラテン・ポップ歌手セレーナがグラミー賞の金のトロフィーを持っている写真でした。それから十数年後、彼女自身もグラミー賞の常連になりました。

ワーク

あなたも尊敬する人・なりたい人の写真を手帳に1枚貼ってみましょう。その写真があなたを身近で支え、心地よく幸せになるための応援団になってくれます。私はマザー・テレサの写真を貼っています。

4 結局、自分を大好きだから、大好きなことに向かっていける

さて、理想の未来のイメージ写真に加えて、**あなたの過去と現在の写真も貼ることもおすすめ**です。過去のハイライトとなるシーンの写真、今現在の自分の笑顔の写真、あるい

は今のあなたの周りにいる大切な仲間・家族の写真などなど。

するとそのページを見るたびに、自分の「過去」・「現在」・「未来」がビジュアルで一望できるようになります。

しばし眺めていると、「自分の人生ってよいなぁ、素晴らしいなぁ」と思えてきます。だれの評価も関係ありません。「自分には価値がある」「私は私が大好き」と自分自身に対して、無条件の肯定的関心を持つことができるようになるのです。

このマインドが持てたとき、あなたの人生は、あらゆる面で上向きになります。とても大切な研究を紹介しましょう。


2019年にユニバーシティ・カレッジ・ロンドンが発表した調査の結果です。本調査は、4年間で73044人が参加した大規模調査です。

それはまず、参加者に自分の人生を10段階で評価してもらい、その後の生活状態を詳細に報告してもらうというものでした。

結果、**「私には価値がある」と普段から思っている人ほど、実際に価値あるものを多く手にした**ということがわかりました。具体的には次のような結果になりました。

❶豊かさの構築

自分の価値を高く評価している参加者ほど、65歳以上になっても仕事を続け、4年間の調査期間の中で平均10％、資産や収入を増やしていました。研究チームはこう言います。

「自分の価値の評価と収入状況には、確かな関係性があります」

❷人間関係の充実

自分の価値を高く評価している参加者の73％が、週1回以上友人と連絡をとっていました。これに対して、低く評価していた参加者は43％にとどまっていました。

さらに、自分の価値を高く評価している参加者は、離婚率が低く、社会参加もさかんでした。また、孤独にすごす時間については、高く評価した参加者は、低く評価していた参加者の半分にとどまっていました。

❸心身の健康

自分の価値を高く評価している参加者は、低く評価している参加者に比べて、「血中ビタミンDの濃度」が平均13％も高く、「歩行速度」は平均18％も速くなっていました。

逆に「鬱になる可能性」は半分以下であり、「慢性疼痛《とうつう》を発症する可能性」は30％低いものになっていました。

さらに、「一日5品以上、野菜や果物を食べる習慣」についても、高く評価している参加者のほうが2倍近く実践していました。禁煙や禁酒、良質な睡眠についても同様の傾向がありました。

「お金」「人間関係」「健康」は、人生の土台です。この3つが充実すれば、人生はあらゆる面でよくなるでしょう。**古今東西、様々な夢実現法がありますが、一番大切なことはそのメソッドを通して、自分を大好きになれ、自分の存在を愛おしく思えるかどうか**です。

これから夢をかなえたいという方をカウンセリングすると、願望の裏にある強烈な「自己否定」を垣間見ることは少なくありません。

「過去なんて全部忘れたい！　なかったことにしたい！」

「今現在の状況から一刻もはやく逃げ出したい！」

そんな強い自己否定の想いから未来にすべての希望を託して、夢実現の特急券を探し求めているのです。

しかし、前述のとおり、今までの自分の価値を認められない人は、「お金」も「人間関係」

も「健康」も、残念な成果しか得られないのです。そもそも好きでもない自分をケアしたり、手をかけたり、人前に出したくないですよね。今の自分を大好きであるからこそ、さらに大好きになるために新しい挑戦ができるのです。

手帳は、最高のセルフカウンセリングツールであり、夢実現ツールです。

ぜひ、あなたが手を入れた手帳を活用して、もっともっと自分の価値を高めて、大好きになりましょう。

ワーク

あなたは今の自分をどれくらい能動的に愛してあげていますか？

たとえば、今日食べたものは何でしたか？　なぜ、それを選びましたか？　「値段が安かった」以外の理由をあげてみましょう。

もし、自己愛が足りていないなと感じる方は、まずは「丁寧に手を洗う」や「丁寧に体を洗う」ことからはじめてください。もっと自分が大好きになりますよ！

5 あなたの手帳に「宝地図」をつくってみよう

ここからは、あなたの手帳に「宝地図」を入れる方法をお伝えしていきます。手帳の中のどこか1ページ（冒頭や巻末の空きページがおすすめ）を開いてください。やり方は、次の4ステップです。

【ステップ1】ページの真ん中に、あなたの最高の笑顔の写真を貼る
【ステップ2】あなたの名前とキャッチフレーズを書き込む
【ステップ3】顔写真の下に、過去の「大好きが芽吹いた瞬間」の写真を貼ったり、そのときの様子を書き込む
【ステップ4】これから形にしていきたい自分の「大好き」をイメージさせる写真やイラストを貼っ

ていく

用意するものは、ざっくりこんな感じです。

❶前章で使った手帳
❷あなたの笑顔の写真
❸これから形にしていきたい自分の「大好き」をイメージさせる写真やイラスト
（雑誌、カタログ、ウェブでの画像検索・生成などから選び、切り抜きます）
❹あなたの過去のハイライトになるような写真、現在の心安らぐ写真
❺カラフルなペン
❻ポストイット
❼のり・マスキングテープ

最初から全部がそろっていなくても構いません。今貼れるもの、今書けることから手をつけていきましょう。

■ワーク

手帳の中の空いた1ページに、「宝地図」コーナーをつくりましょう。そのページはマスキングテープで縁取りして囲むなどして、特別なページであることを自分に宣言しましょう。

6 【ステップ1】ページの真ん中に、あなたの最高の笑顔の写真を貼る

ちょっと恥ずかしいかもしれませんが、理想をかなえるためにやっていただきたい理由があります。

理由①

自分の顔に意識がいくので、「宝地図」を見る回数が増える

「宝地図」は毎日眺めることで、自分の意識を心地よくポジティブに変えていくことが目的です。そのためには、生活している中で「つい見てしまう」ものでなければいけません。

この点、人は、自分の顔写真については、真っ先に目がいくようです。２０１９年、オックスフォード大学のミハウ・ウォジックの研究では、わずか０・０３２秒だけ表示された自分の顔も判別できることがわかりました。

修学旅行の集合写真でも、真っ先に自分の顔を探しますよね。**「宝地図」の一番目立つ場所に自分の顔を貼ることで、手帳をめくったときに自然と「宝地図」を見る習慣ができますよ。**

理由②

他の写真に対しても、心地よくポジティブな感覚が持てるようになる

さらに、研究チームは次の考察もしています。

「顔は様々な感情や連想を呼び起こして、その結果、私たちの注意を効率的に引きつける」

自分の最高の写真を見れば、それを撮影したときの思い出がよみがえり、自然にポジティブな気持ちになります。その状態で、自分の笑顔の写真を取り囲む他の写真を見ると、それらに対してもポジティブな感情が連鎖していくのです。

すると、**自分の「過去」「現在」「未来」に対して、「全部が幸せ！」と感じられ、一層自分を愛おしく思える**のです。

次に、「最高の笑顔の写真」の用意の仕方です。この点、スマホのアルバムを開いても、意外と最高の笑顔の写真ってないですよね。かといって、その場で笑顔をつくって、自撮りをしても、納得できるものは撮れないでしょう。

実は、これは無理からぬことなのです。神経科学者ロバート・プロバインは、1200人の「笑う」様子を観察しました。結果、人はだれかと一緒にいるときのほうが、一人でいるときの約30倍も多く笑っていたことがわかりました。

そもそも笑いとはコミュニケーションの道具なのです。最高の笑顔の写真がほしければ、家族や仲間との楽しい時間の最中に撮るのがよいでしょう。

さらに、おすすめは、**尊敬する人や心地よくポジティブに生きている人たちと一緒に撮っ**

た写真を利用することです。

実は、集団の中で撮影されたあなたのほうが、一人で撮影されたあなたよりも魅力的に見える可能性があります。これを「チアリーダー効果」と言います。「美人の中にいると、いつもより美人に見える」とか、よく聞きますよね。なぜ、こんな現象が起きるのでしょうか？

２０１４年カリフォルニア大学のドリュー・ウォーカーの研究によれば、人は複数の顔を同時に見ると、無意識にその平均像を頭の中で描くそうです。そして、自分の顔についても、その平均に補正された顔に引きつけて見てしまうので、自分らしく生きている方たちと一緒に撮影した顔は、いつもより整って魅力的に見えるのです。ちなみに、一緒に撮影する人数は魅力度には直接関係しないそうです。

このことから、**あなたの「こんなことできたらいいな」をすでにやっている人に会いに行き、「宝地図」に貼ることを目的に一緒に撮影することは断然おすすめです。**

パーティーなどでもいいのですが、おすすめはやはりその方が登壇するセミナーですね。一人一人と多くの時間をとってもらえるので、しっかり対応してくれる確率が高いのです。

私はこれまで無数の「宝地図」を自作してきましたが、そのときどきの最高の笑顔の写真を貼ってきました。最近は、念願のミニ・クロスオーバーを購入したときの写真などを使っていましたが、やはり最愛の家族と一緒に撮ったものはよく使っています。

ワーク

今すぐ最高の笑顔写真を撮影する予定をつくりましょう！

でも、すぐに撮影する予定をつくれなくても大丈夫です。その場合は、「できたらいいなリスト」に「最高の笑顔の写真を手に入れる」と書いて、ウィークリーページのどこかにデコレーションしてみましょう。

7 【ステップ2】あなたの名前とキャッチフレーズを書き込む

ページの中央か上側の目立つ場所に、あなたの名前とキャッチフレーズを書きます。大きく、ペンなどでカラフルに装飾するとよいでしょう。

もちろん、キャッチフレーズを書くときに、今の自分と比較して気後れすることもあるでしょう。でも、**あなた自身があなたの存在をどのようにとらえているかは、後の成果に大きな影響を与えます。**

1つの逸話を紹介しましょう。

クリスタル・ジョーンズというアメリカの名教育者がいます。彼女はあるとき、小学校1年生のクラスを担当しました。クラスの子どもたちは全員幼稚園に行った経験がなく、集団生活ははじめてでした。

そんな子どもたちに彼女は1つの挑戦を提案します。「今年度の終わりまでに、小学校3年生になりましょう」。すなわち、一足飛びの学力をつけることを宣言したのです。集団生活もままならない状況では、ちょっと無理そうですよね。

しかし、彼女は1つの工夫をしました。クラスの子どもたちにお互いを「学者さん」という肩書で呼び合う文化をつくったのです。「学者さんとは、学ぶために生きていて、それが得意な人のことだよ」。ここから面白い現象が起きました。

子どもたちは、学校が終わり家に帰ると、毎日その日に勉強したことを親に報告するようになったのです。そして1年後、クラスの子どもたちの9割は、本当に小学校3年生レベルの学力スコアに到達しました。

何かご褒美を用意したり、特別なことを教えたりしたわけではありません。「学者さん」というキャッチフレーズで呼びあっただけです。それだけで子どもたちの意識は変わり、毎日の行動・習慣が変わり、最終的には遠いと思えた成果を現実のものにしたのです。

私が最初に「宝地図」をつくったときの自分のキャッチフレーズは、「カリスマセミナー講師」というものでした。当時は「カリスマ」どころが、講演経験も0に近い状態でした。だれかに名乗れば、「おいおい、勘違いするなよ」と返されたことでしょう。

でも、この「勘違い」が大切なのです。何度も「宝地図」を見て、「カリスマセミナー講師　神戸正博」というフレーズを目にするうちに、行動が変わっていきました。

作成したのは2011年春の「宝地図」提唱者、望月俊孝さんの一日セミナーだったのですが、それからすぐに「宝地図マスターコース」という講師養成講座へのお誘いをいただきました。

受講料が無収入に近い自分には、はっきり言って厳しいものでした。でも、他者の夢を支援する「カリスマセミナー講師」だったら、学んでいないのはおかしいと考えて、申し込む決断をしました。もっとも実際は、なかなか申し込みのファックスを送信する勇気が出ず、ファックスのあるコンビニの前をいったりきたりと迷い続けていたことを思い出します。

結果として、この決断は大成功でした。

セミナーには同じような決断をした同志が日本全国から集《つど》っており、日常生活では絶対に会えないスペシャルな仲間が次々にできました。そして、その中のお二人であるご夫妻がセミナーの依頼をくださったのです！

しかも、会場は行ってみたかった沖縄です。渡航費用や宿泊手配などもお世話になり、最高の場所で最高のお客様を相手に最高の状態で初のセミナーを行うことができました。

キャッチフレーズを掲げてから、わずか3ヶ月後のお話です。その後は、望月さんの会社で専任講師をさせていただきながら、様々な登壇経験を積んでいきました。

そして、2015年の春には、東京ビックサイトで先天性四肢欠損症の世界的講演家ニック・ブイチチ氏の来日イベントのゲストスピーカーとして、約3000名の前で講演を行うことができました。

キャッチフレーズを掲げて4年後に、自分が掲げたイメージとおり、いやそれ以上の「カリスマ講師」体験することができたのです。

このように**「宝地図」に書いたキャッチフレーズは、確実にその後のあなたの決断を変えて、行動を促し、ふさわしい成果をもたらしてくれます。**ぜひ、遠慮をせず、思うままに書いてみましょう。

■ワーク

もし、しっくりくるキャッチフレーズが思い浮かばなければ、今現在のお仕事・活動（もしくはこれからしたいこと）を書いて、そこに「世界一すごい～」「最高の～」「伝説の～」「世界一愛されている～」など冠言葉をつけてみましょう。

8 【ステップ3】顔写真の下に、過去の「大好きが芽吹いた瞬間」の写真を貼ったり、そのときの様子を書き込む

「あの体験から、今の自分がはじまった」——だれしもそんな原点ともいえる体験があるものです。このステップでは、そんな「大好きが芽吹いた瞬間」に撮影した写真を貼って

いきます。

貼る場所は、笑顔写真の真下がよいでしょう。「あのときの写真なんて、もうないよ」という方は、ポストイットに体験内容を書いて貼るだけでも構いません。**自分のことを大好きになるための最重要ステップ**です。


私の場合は、はじめて開催したカウンセラー養成講座の際の集合写真を貼っています。

正直、講座の自己採点は最悪でした。開催前には、鬱状態になるほど内容をつくりこんだにも関わらず、実際の現場ではもどかしくなるぐらい伝えられなかったのです。

しかし、受講生の方たちの反応はとても温かいものでした。初開催で未知数の講座にも関わらず、私を信用して全国から集まってくれた方々です。講座終了後は、サプライズパーティーまで開いてくれました。その会場でもらった寄せ書きは、一生の宝物として書斎で輝き続けています。

「この声援に報いるだけの講座を必ずつくる」

私は、このときの集合写真を「宝地図」に貼り、いつも目にするようにしました。その結果、大きく成長することができ、講座は今年で10年目を迎えることができました。

もう1つは、妻と二人で撮影した写真です。

ご結婚されている方やお付き合いされている方がいる場合は、パートナーとのツーショット写真はいっぱいありますよね？　私がその中で選んだのは、妻にプロポーズして〝OK〟をもらえた直後に撮った東京ディズニーランドでの二人の写真です。

普通であれば、結婚式や新婚旅行の写真などを選ぶでしょう。でも、夫婦関係の「大好きが芽吹いた瞬間」という意味では、やっぱりあのときを超えるものはありません。見るたびに愛情がよみがえり、幸せな感覚を味わいながら、もっと絆《きずな》を深めていこうと思えます。


あなたの人生にもそんな体験があるはずです。今、振り返ると小さな体験かもしれません。でも、あなたの輝きは、そのときからはじまったもの。**「大好きが芽吹いた瞬間」の写真や文章は、見るたびに、当時のエネルギーをよみがえらせてくれます。**そのエネルギーとともに、次の「大好き」に向かって進みましょう。


もう1つ、大事な話があります。

成果が出た後の写真はいくらでも撮る余裕がありますが、途中経過のときは、そんな余裕がないのが普通です。受験でいえば、「合格発表」のときの記念写真は必ず撮られますが、「勉強中」の写真なんてだれも撮りませんよね。

でも、振り返ってみると、一番誇りやエネルギーをくれるのは、ひたむきに頑張っていた「勉強中」の写真なのです。今後は、何かに挑戦しているときや苦しさを乗り越えようとしているときはその瞬間の自分を自撮りしてみましょう。

ワーク

実は、この本を読み、自分自身に真剣に向き合っている今この瞬間は、かなり大切なシャッターチャンスです。ちょっと自撮りして保存しておきましょう。後から「宝地図」に貼って眺めると、未来に向かう真摯なご自身の姿に感動しますよ。

9 【ステップ4】これから形にしていきたい自分の「大好き」をイメージさせる写真やイラストを貼っていく

たとえば、「世界一周をしている自分」が浮かんだら、頭の中のイメージに近い国や観光地の写真をウェブや雑誌から探して貼ります。

どこに貼るかは自分の気分で自由に決めてください。何度、貼り直しても構いません。**「宝地図」は一度で完成させるものではなく、生涯育てていくもの**なのです。

ここで必ずいただく質問があります。

「全然貼れません、どうすればいい？」

「何を貼ればいいのかな……」と迷った挙げ句、あまり貼れずに、スカスカな「宝地図」になってしまった。その場合「貼りたいものがこんなに少ない、どうしよう」と落ち込みたくもなりますよね。でも、私はこう言いたいのです。

「おめでとうございます！」

私自身もはじめに一日かけて、「宝地図」をつくったときは、本当に落ち込みました。モノづくりは得意だったので、単にオシャレなコラージュ・ボードをつくるつもりだったら、すぐにできたはずです。でも、そのときは1枚の写真を貼ることすら時間がかかりました。

貼ってしまえば、自分の中の「大好き」を認めたことになります。おおげさに言えば、全宇宙に対して、「神戸正博は○○が大好きです！　今後、○○をやっていきます！」と宣言したことになります。

それが恥ずかしくて葛藤し、迷いました。貼る勇気が湧くまで、ひたすら下地を見つめていました。そして、やっと貼れたときは、比喩ではなく本当に全身が震えました。それはまさに、自分で自分のあるべき未来を創造した瞬間だったのです。

だからこそ、あなたも**1枚でも貼れた自分を心から祝福してあげてください。**そして、何も貼れなかったページの隙間を、「次の可能性が生まれる土台」ととらえてあげてください。

自然は真空状態を嫌います。貼れた「大好きな世界」に向かっていく中で、必ずその空間を埋めるにふさわしいものが見つかりますよ。

なお、より具体的な処方箋《しょほうせん》としては、**「写真選びに悩みすぎない」**というものもあります。

100%、あなたの頭の中のイメージ通りの画像はめったにありません。画像生成ＡＩが進歩すれば解決するでしょうが、私はそこまで写真のクオリティにこだわることはないと思っています。

かえって抽象的なざっくりしたイメージ画像のほうが、「これはどういうことだろう？」と注意が向くものです。ウェブでパーッと検索して見つからなければ、頭に浮かんだイメージをそのまま文章にして貼っておきましょう。

ワーク

1枚貼れたら、人生最大の祝福を自分に贈ってあげましょう！

著者が実際につくった「宝地図」

10 みんなで「宝地図」をつくることの意味

「宝地図」は、もともとは、A1サイズ（新聞紙を開いて2ページ分広げたくらい）のコルクボードまたは模造紙を下地につくります。

もし手帳サイズに慣れたら、一度やってみるといいですよ。貼るスペースが大きくなるほど、それに比例して、「あれも、これも、貼ってみよう」と発想が広がっていきます。

もちろん、つくったA1サイズの「宝地図」は持ち運べませんから、写真に撮ったものをプリントアウトして、手帳に貼るのがよいでしょう。


もう1つ、**おすすめは仲間と一緒につくってみること**です。他者の「宝地図」を見ると、「こんなことを人生で望んでもいいんだ！　楽しそう！」という見聞が広がります。すると、

「こういう人生もアリ！」という自分の「できたらいいな」の引き出しが増えていくのです。

私の「宝地図」作成セミナーでは、お隣の方とお互いが持ち寄った「できたらいいな」のイメージ写真を1枚だけ交換して、各々の「宝地図」に貼っていただきます。

これにより、自分ではまず浮かばない世界観を手に入れることができます。実際に今私たちが生きている世界も、様々な人の「できたらいいな」が形になり、混じり合い、成り立っているのですから。

もし、あなたが今後、希望を失い、何もやりたいことが見えなくなったときは、他者の「できたらいいな」を聞いてあげてください。そうして、応援してあげてください。するとそこから必ず新たなあなた自身の「できたらいいな」が芽生えてきます。さらに今度は、あなたが応援した人から応援してもらえることでしょう。

私もエネルギーの高い仲間と定期的に「宝地図」を作成しています。すると、一人でつくっているときとは、スケールの違う発想が出てきます。

ある年末に仲間とつくったときは、「心理療法の研修センターをつくる」という「できたらいいな」が浮かんできました。昨今の経済情勢の中では、ずいぶん景気のよい話に聞こえるかもしれません。しかし、「宝地図」を見ているうち、いろいろな発想が浮かんできました。

そして、数年後には、兵庫県有馬の会員制高級ホテルで3泊4日の心理療法の合宿セミナーを開催することができました。そこで、研修センターの内装イメージやそこに集う受講生の姿など、ますます形にしたいものが明確になりました。

この後も、どんどん行動が加速して、そう遠くない未来、夢の実現にたどりつけるだろうと確信しています。

ワーク

「宝地図」をつくるときは、親しい友達や家族も誘ってワイワイと盛り上がりながらつくっていきましょう。

あなたがリーダーの立場であれば、職場やコミュティでやってみるのもいいですね。チームビルディングにも役立ちます。

11 本章のポイントと次章の予告

以上、あなたの行動を加速させ、スムーズに目指す未来に連れていってくれる「宝地図」について、お伝えしてきました。ぜひ、実際につくってみてください。

つくるコツは、今できることを今やるということです。ウェブで検索して1枚でもイメージにあった写真が見つかったら、すぐダウンロードして貼ってください。

それが難しければ、「できたらいいな」の詳細をポストイットに文字で書いて、それを貼ってみてください。その一歩が、「できたらいいな」に脳の意識を集中させ、実際に行動するアイデアやチャンスを見つけやすくしてくれるのです。

さて、いよいよ次章が最終章です。

あなたの「できたらいいな」を詰め込んだ手帳とともに、外の世界に向かっていきましょう。日常の喧騒の中で、いかにぶれずに、「できたらいいな」に向けて行動し、あなたの「大好き」を見つけ、形にしていけるのか？　その方法を一緒に考えましょう。

本章のポイント

- 大きな成果を出せる人は、誘惑に負けず、よそ見をしない人
- 頭の中のイメージを鮮明にビジュアル化できることが、成果を出す鍵
- 世界的成功者たちは、「写真」の力を借りて、ビジュアル化をしている
- 自分のことを価値があると思っている人ほど、価値のあるものを手に入れられる
- 自分自身のことが大好きだからこそ、さらなる大好きなことに集中できる
- 「宝地図」作成においては、最高の笑顔の写真を中央に貼る
- 「宝地図」作成においては、過去の「大好きが芽吹いた瞬間」の写真を貼る
- 「宝地図」作成においては、1枚でも「できたらいいな」のイメージ写真を貼れたら、祝福をする
- みんなで「宝地図」をつくると、発想が広がる
- 「宝地図」作成のコツは、今できることだけをやること

第4章

大好きに向かうための「空間」をつくる

「大好きなことに向かっていけば、すべては後からついてくる」

本書で私がお伝えしてきたことです。文章にすれば、本当にこれだけです。簡単ですよね。でも、実際に日常でやることは、簡単ではありません。

私がそれに気づいた苦い体験をまずはお聞きください。

1 方法の前に大切なのは、「空間」

今から4年ほど前のことです。ある中学校に、ともに「宝地図」を広める活動をする望月俊孝さんと特別授業にうかがいました。テーマは「夢実現」。前章でお伝えした「宝地図」を生徒さんと一緒に行いました。

しかし……ワークがはじまっても、貼る素材はそろっているのにだれも貼ろうとしないのです。

しばらくすると、2名ほどの生徒さんが、隠れるように机の下で写真を貼りはじめました。すると、何もしない他の生徒さんが「お前、そんなものを貼っているの？」と貼っている写真に対して茶化しはじめたのです。

結局、ほとんどの生徒さんの「宝地図」は完成せず、授業の最後に予定していた発表会は中止になってしまいました。

どんな理由があろうと、授業の責任は先生にあります。

「どうして、みんな簡単な作業である『写真を貼る』ということができなかったのだろう？」

私は長く考えました。結果、思いいたったのは「空間」の不備でした。

冷めていた彼ら彼女らだって、推しのスポーツ選手の試合観戦やアーティストやライバーの配信を視聴しているときは、本気で熱狂しているはずです。それが可能なのは、エンタメの世界には、安心して没頭できる「空間」が構築されているからです。

では、はたして、あのときの教室にそうした「空間」が用意されていたのでしょうか？

残念ながら答えは〝ＮＯ〟でした。**心置きなく自分の「大好き」を表現するには、安心安全な空間が必要です。**

この体験以降、私は方法論だけでなく、方法を安心して実践できる「空間づくり」を意識するようにしました。

■ワーク

あなたがずっと熱狂してきたものはありますか？　そこには、参加者が安心して熱狂できるためにどんな工夫がされていたでしょうか？

2 「幸福」の反対語は、「興奮」だった！

この「空間づくり」については、１９８０年、ブルース・アレグサンダー博士が発表した実験が大きなヒントになります。
アレグサンダー博士は、実験用のラットに次の2種類の環境を与えました。

A【植民地空間】通常の狭い檻《おり》で、1匹だけですごす
B【楽園空間】檻の20倍の広さがある自然豊かな空間で、複数の仲間とすごす。巣づくり用の設備もある

実験では、2つの環境にそれぞれ次の2種類の飲み物をおきました。

1 砂糖水　ラットが大好きなものです
2 モルヒネ水　本来ラットが苦手なものですが、中毒性があります

結果、Aの【植民地空間】のラットは苦手にも関わらず、2のモルヒネ水にハマり、Bの【楽園空間】のラットの約19倍も飲んでいました。
一方で、Bの【楽園空間】のラットは、モルヒネ水にはまったく興味を示さず、大好きな砂糖水だけを飲んでいました。

さて面白いのはここからです。

Aの【植民地空間】の中には、なんと57日間もモルヒネ水を飲み続けたラットもいました。立派な依存症ですよね。でも、そんなラットも、Bの【楽園空間】でみんなとすごすと、本来の「大好き」である砂糖水を飲むようになりました。

ここから言えるのは、**私たち哺乳類《ほにゅう》は、愛に溢れた豊かな環境にいれば、自然に「大好き」に向かっていけるのです。**

逆に、孤独で可能性が閉ざされた環境にいれば、「大好き」に背を向けて、ひたすら刺激に逃げ込んでしまいます。自分なりの幸福を見つめることなく、目の前の興奮に埋没してしまうのです。

私もこんな体験があります。第1章で、孤独で絶望していた20代の私がゲームやパチンコに依存していた話をしましたね。

実はもう2つ、依存していたものがありました。タバコと缶コーヒーです。いつもその2つを口にしていました。ただただ、タバコの苦みと缶コーヒーの甘みで延々と自分に刺激を与え続けていたのです。

いずれの依存も、実家に温かく迎えられ、天職への道を知り、メンターや同志に恵まれるうちに自然と解消されていきました。

だからこそ、**どんな人でも自分を受け止めてくれる温かい人や自分の将来に役立つ豊かな資源のある環境に出合えれば、自然に「大好き」に向き合えて、人生が好転していく**と断言できるのです。

とはいえ、ここで大きな問題があります。実は、人間の脳は「好き」をじっくり感じるよりも、「ほしい」という気持ちを刺激で満たす方が得意なのです。

ミシガン大学の神経科学者ケント・ベリッジは、次のように述べています。

「人間は意思決定するときは、『好きかどうか』よりも、『ほしい』という想いを優先してしまう」

さらに、現代は、人類の歴史に類を見ないほど、刺激と依存を促進するもので溢れています。

たとえば、YouTubeやTikTokでは画面を下からスワイプすると、どんどん新しいコンテンツが表示されますよね。暇なときは延々と見てしまいますが、実はそのときの脳は、カジノでスロットマシンをしているのと同じくらい興奮していることがわかっています。

もしかしたら、私たちはすでに何らかの中毒者であり、もはや自分の「好き」に向き合う力が衰えている可能性があります。先述の実験でいえば、刺激の【植民地空間】に住んでいるのが私たちなのです。

仏教では、こうした「ほしい」という気持ちを優先し刺激を求め続ける姿勢を「渇愛《かつあい》」と呼び、すべての苦しみの根源であると説いています。

ワーク

最近、ＳＮＳ・動画・ゲーム・映画などをつい視聴してしまい、やるべきことが後回しになった体験を思い出してみましょう。

3 こうすれば、あなたの人生は楽園になる！

でも、心配はいりません。人間はラットとは違います。自分で現実を創造することができます。**あなた自身で、自分の生きている環境を【楽園空間】に変えていけばよい**のです。

そうすれば、空間の後押しで、自然に大好きなことに向かっていけます。だれかが与えてくれるのを待つ必要なんてありません。今いる場所で今日からスタートしましょう。

では、具体的にどうすればいいのでしょうか？　実はやることはとてもシンプルです。

「あなたの目に入るものすべてを『大好き』につながるもので埋め尽くす」

これだけをやればいいのです。妥協も遠慮もいりません。

●あなたが住む空間
●あなたが行く空間
●あなたが働いたり学んだりする空間
●あなたが読むもの
●あなたが書くこと
●あなたが交流する人

これらすべてを「大好き」につながるものにしていくのです。

「大好き」に囲まれていれば、「大好き」なことをする他なくなります。そこに、幸せを阻害するおじゃまな「刺激」が入り込む余地なんてありません。

極端な発言に聞こえますか？　でも、**あなたが視界に入るものはあなたの想像の何百倍も人生に影響を与えています。**人間の身体には、約1100万の感覚受容体がありますが、そのうち約1000万個は「視る」ことに使われています。

私たちの判断の9割以上は、視覚からの情報に頼っているのです。

これがよくわかるのが、2013年に社会心理学者チャイ＝ジョン・ツァイらが発表した研究です。

プロの音楽家と音楽の素人に、ある国際音楽コンテストの映像を6秒間鑑賞させて、優勝者を当ててもらいます。参加者は3つに分かれて、各々次の鑑賞方法で判定しました。

A　演奏者の【音楽だけ】を聴く
B　演奏者の【音無し映像だけ】を見る
C　演奏者の【「音楽＋映像」の両方】を鑑賞する

事前のアンケートでは、プロの音楽家の約8割が、音楽の良し悪しは【音】で判定すると回答していました。しかし、実際の結果は衝撃的でした。

プロ・素人を問わず、最も正解率が高かったのは（46％）、Bの【音無し映像だけ】で判定したときでした。一方、最も正解率が低かったのは（27％）、Aの【音楽だけ】で鑑賞したときだったのです！

ここから、実際のコンテスト中の判定でも、審査員の視覚情報が大きく影響していたことがうかがえます。

研究チームは次のように考察しています。

「私たちの判断は、意識せずに視覚から入る情報で自動的にされている可能性があります」

本実験によって、「聴覚情報に対する視覚情報の優位性効果」という言葉が生まれ、世界中に広まりました。「音」が重要な演奏の判定ですら、人間は視覚的情報を主にしているのです。それ以外の場面では言わずもがなですよね。

さて、本実験の中では、参加者は対象を意識してしっかり見ていましたよね。**では、意識せずに視界に入っていた場合も、判断に影響はあるのでしょうか？**

というのも、私にはこんな体験があるんですね。

私が生まれた東京足立区は、たくさんの工場がありました。幼少の頃、父と土手を散歩しながら、道すがら並ぶ工場を見ていました。正直、私は「油まみれになりながら働くのはちょっと……」と敬遠気味。その頃、将来は「建築家」になるつもりであり、工場で働くことはないと考えていました。

しかし、蓋を開けてみれば、20代のほとんどは、機械加工の旋盤工として、ずっと油まみれになりながら工場ですごしていたのです。

実はこの現象は、科学的に何度も検証されています。

1つ面白いものを紹介しましょう。ピッツバーグ大学教授のリチャード・モアランドが行ったものです。

ある授業のときに、教授は大教室にいる生徒たちにこんな問いをしました。

「この4人の女性の顔写真の中で、一番好感が持てる人はだれですか？」

写真の4人については、だれも見覚えがありません。個人の好みで選ぶほかなさそうです。しかし、結果としてある女性にだけ票が集中しました。

実は、この実験は、クラスの開講初日から密かにはじまっていました。最も票が集中した女性は、こっそり教室の最前列に座って、15回ほど講座を受けていたのです。

ただし、だれともいっさい交流はしません。最前列のため顔もほとんど見えません。せいぜいわずかに目に入る程度です。

それにも関わらず、生徒たちは無意識に女性を認識しており、なじみを覚えていました。

そして最も好感を持てる存在として選んだのです。

人は意識せずとも繰り返し接触したものに、自然になじみを持ち、機会があれば選んでしまう。こうした人間の心の働きは、「ザイアンスの単純接触効果」と呼ばれています。

本効果は絶大であり、多くの場面で活用されています。たとえば、マーティン・アイゼント博士の分析によると、消費者は特定の広告を10回、目にすると、その広告の商品を忘れられなくなるそうです。ちょっと怖いですよね。

いかがでしたか？　**今のあなたの人生は、これまであなたが目にしてきたものの結果なのです。**

ぞっとした方もいたかもしれませんが、心配はいりません。今から変えていけばよいのです。今この時点から、目に入るものを意識してみませんか？

ワーク

スマホやパソコンの履歴をさかのぼって、最近よく見ている情報を探してみてください。それが、最近のあなたの考えや発言や選択にどれくらい影響を与えていますか？

4 あなたのお部屋を楽園にしよう！

とはいえ、いくら「大好きなもので埋め尽くそう！」といっても、現実は多くの制約があるものです。お金も時間も限られているでしょう。

また、理解ある仲間が最初から自然に集まることも考えにくいですよね。まずは、

❶無料もしくは安価ではじめることができる

❷一人からはじめられる

❸今どんな状況にいる人でもマイペースでできる

ことからはじめましょう。

そこで**まずは、あなたの家のあなたのお部屋からはじめます。**自室がない方は、お宅の個人スペースで考えてください。毎日必ずそこに戻り、寝起きするとても大切なスポット

ですね。ここから「楽園空間」に変えていきましょう。

さて、あなたの部屋を見渡してみてください。あなたにとって最も大切な場所であるあなたの部屋には、一体何があるでしょうか？

あなたの部屋にあるすべてのものは、間違いなくあなたの決断で招き入れたものです。その1つ1つについて、「手に入れたときに何を考えていたか？」「今は正直どう感じているか？」を問い直してみるのです。本ステップはいわば、「あなたの所有物を通じて心の中を見つめるセルフカウンセリング」です。

手順は次のとおりです。

【ステップ1】自分の部屋にあるものを何でもよいので1つ選んでください

【ステップ2】ものに手を当ててみて、そのとき湧きあがってくる気持ちを観察します

【ステップ3】感じた気持ちについて、次のどれに該当するかを考えます

A　ポジティブな気持ち（例「これは見ているだけで幸せになれる」「一生の宝物だな」）

B　ネガティブな気持ち（例「これは買って失敗したよな」「まったく使ってないけど、面倒で捨てていない……」）

C　無反応（例「あれ？　こんなものあったんだ」「そもそもなんで買ったんだっけ？」）

【ステップ4】このステップがとても大切です。**【ステップ3】の仕分けで、「A　ポジティブな気持ち」に該当したもの以外は、すべて手放すことを決めます。**

この点、「捨てる」ことに抵抗のある方もいるでしょう。そんな方は、メルカリやフリーマーケットで売って、そのものにご縁を感じていただける方に引き渡すことを私はおすすめしています。ぜひ自室を仕上げたら、自宅全般に広げていきましょう。

私の体験をシェアします。

たとえば、私の場合、万年筆は生活雑貨店「LOFT」で購入した1000円程度のものでした。はじめて使う万年筆として安価なものを選んだのですが、使いやすくとてもポジティブな愛着を感じました。そのため当初予定していたハイブランドのものに買い替えることなく、使い続けることにしました。

一方で、いつでも有酸素運動ができるように、高価なステッパー（足踏み運動器具）を持っていましたが、まったく活用できていませんでした。にも関わらず、「捨てるに捨てられない」からというだけで部屋に置き続けていたのです。

これを見るたびに「せっかく買ったのにもったいない」という思いが湧いていることに気づきました。そこで、ほしいと言った人にゆずったのです。私の気持ちもスッキリして、もらってくれた相手も毎日運動できて喜んでくれました。

ワーク

本節のセルフカウンセリングを自分のお部屋からはじめてみましょう。
自分がポジティブに感じるものだけで視界を埋めたとき、どんな気分がしましたか？
その気分をしっかり味わってみましょう。

5 高価なものほど、手放す意味がある

このワークをする際に、必ず出てくるチャレンジがあります。

手に入れたとき、高価だったものってありますよね。そうしたものにかぎって、もったいなくてあまり使いません。だからといって、手放すのは気がひけますよね。

「これは高かったから、よいものであるはず。いつか価値がわかり、好きになれるはず」

そう信じたくなるものです。

このように、すでに投入した時間やお金などのリソースを無駄にしたくないという心理から、不本意な選択を手放せなくなる現象を「サンクコストの誤謬《ごびゅう》」と言います。

2018年、カーネギーメロン大学のクリストファー・オリヴォラは、こんな実験をし

ました。1230名の参加者に、パーティーで次の2種類のケーキが提供された場面設定で、満腹状態でも食べ続けるのはどちらかを聞いたのです。

A　55分かかる遠方の店で買った75ドルの高いケーキ
B　5分で行ける隣の店で買った15ドルの安いケーキ

結果として、多くの参加者が選んだのは、Aの高いケーキでした。これは、ケーキを購入する手間をかけたのが自分でなく、見知らぬ他者や同僚だという設定で聞いても、同じ結論が出ました。

満腹ならば、それ以上は何も食べないのが普通です。むしろ健康のためには食べないことが賢明です。それにも関わらず、「だって、手に入れるのを苦労したのだから、もったいないよ!」という事情だけで、賢明でない選択を続けてしまうのです。

逆にいえば、**お金や時間をかけて苦労したものほど、手放す意味がある**といえます。

プロギャンブラーの顔を持つ認知科学者アニー・デュークは、「何かをやめることはあなたの資源を解放し、本当に価値ある目標に集中する機会をくれるので、かえって当初の目標達成が早まる可能性がある」と言います。

私の体験をシェアしましょう。

昔からある漫画の影響で車とドライブが大好きでした。そして子どもが生まれたときには、念願のキャンピングカーを購入しました。価格は通常の乗用車よりもはるかに高く、経済的に余裕がない中、長期ローンを組んでの購入でした。「この車で家族といろいろなところに行って、日本一周したい！」という大きな夢があったからです。

しかし……実際に乗車した妻と子どもは、想像し期待した以上には喜んでくれませんでした。たしかに二人の身になってみれば、シートの快適さや乗り心地は不十分であり、安全性も保証されていませんでした。

そうこうするうちに、ひとつの自問が生まれてきました。

「そもそも自分は車に何を求めているのだろう？」

出てきた答えは「安全性」でした。今の自分にとっての車は「大事な家族を安全に運ぶ」ものでなければいけなかったのです。それに気づいた私は、思いっきってキャンピングカーを手放すことにしました。

もちろん金銭的な損失はありました。でも、おかげで自分が本当に大切にしたい価値観を見つけることができました。ぜひ、あなたも似たようなことがあるか、ちょっと考えてみてください。

ワーク

あなたの周りにあるもので、手に入れるために最も時間とお金をかけたものは何ですか？　それは購入時だけでなく今この時点でも、心から「大好き」と言えるものですか？

じっくり向き合って考えてみましょう。

6 自然に「やるべきこと」がやれてしまう神戸のお部屋術

ここまでのワークをしっかりやると、あなたは毎日、大好きなものだけに囲まれて寝起きをすることになります。もはや、注意を奪うものも余計な刺激も何1つありません。

ここにいたるとあなたに大きな変化がおとずれます。**大好きなものを目にした瞬間、その大好きなものをさらに味わい、さらに広げるような活動をしたくてたまらなくなる**のです。爆発的な行動意欲が湧き、先延ばしグセなどは過去の話になります。

私の部屋を例に話しましょうか。

今、私の目の前には撮影用のカメラ、両脇には撮影用ライトがあります。また、相当奮発して購入した録音用マイクがあります。それらを見ると、「最高の動画コンテンツをつくろう!」という気分になり、無限にアイデアが湧いてきます。

あるいは、右を向けば、壁に貼った娘からの手紙が目に入り、もっと娘とスキンシップをとりたくなります。また、ふりかえれば、プロポーズ成功直後に撮影した妻とのツーショット写真が目に入り、改めて妻への感謝が芽生え、もっと愛情を伝えたくなります。「ライフワーク」や「家族サービス」なんて意識することなく、やりたいようにやっているだけで、それらがこなせてしまうのです。

あなたもあなたの大好きな分野で同じことが起きますよ。

ワーク

あなたが目覚めたとき、眠るとき、あるいは自分の部屋に入室したときに、真っ先に大好きなものが目に入るよう工夫しましょう。

ダラダラする癖が驚くほど減り、毎日エネルギッシュになれますよ。

7 自室を一歩出たら、気をつけるべき2つのこと

とはいえ、ずっと自室にいるわけにもいきません。自分の可能性を試すには、どんどん外に出かけていく必要があります。

しかし、外の世界は自室と異なり、自分の好きにはできません。それどころか容赦《ようしゃ》なく、私たちの選択や行動に影響を与えてきます。

環境については、2つの要素があります。「①周りに何があるか」と「②周りにだれがいるか」です。ちょっと説明しましょう。

❶ 周りに何があるか

人はある刺激（言葉、アイデア、イメージ、音楽など）に触れることで、潜在意識レベルで行動が影響されることがあります。これを「プライミング効果」と言います。

たとえば、「能力」も影響されます。２０１０年、タフツ大学のマイケル・スレピアンらは、79名の学生にひらめきが必要な洞察テストを解いてもらいました。研究チームは、テスト中にグループごとに2種類の照明をつけました。

A　普通の蛍光灯

B　電球ランプ

一見、テストに何の関係もなく思えます。しかし、結果は面白いものでした。Bの電球ランプを灯された参加者は、Aの蛍光灯を灯された参加者よりも2倍の正答率を誇っていたのです。

なぜこんな現象が起きたのでしょうか？　ちょっと考えてみてください。

漫画やアニメでは、登場人物が何かを閃《ひらめ》いたときどんな表現がされますか？「ピカーン」と頭上にランプが灯る描写がよくされますよね。

つまり、本研究では、ひらめきの象徴のようなアイテムを目にしたことで、実際に参加者のひらめき力が一瞬で高まったのです。

また、**「選択」**も影響されます。

1999年、ティン大学のノース博士らはとても面白い実験をしました。スーパーマーケットのワイン売り場で、「A　フランスの音楽」と「B　ドイツの音楽」の2種類を流しました。2週間の観察期間の結果、驚きの事実がわかりました。

Aのフランスの音楽を流していたとき↓76％のお客さんがフランスワインを買った

Bのドイツの音楽を流していたとき↓73％のお客さんがドイツワインを買った

ドイツワインもフランスワインも甘さや価格はほぼ同じです。さらに購入者に後から購入理由を訊ねても、だれも「流れていた店内BGMで決めた」とは答えませんでした（そもそも意識すらしていませんでした）。

❷ 周りにだれがいるか

「だいたいみなさん、どうされていますか？」

慣れていないことをするときに、すでにその経験をしている人にこんなふうに聞いちゃいますよね。こうした自分が行動をする前に他人の行動を見て参考にする姿勢を、「社会的証明ヒューリスティック」と言います。

この点、2008年、テキサス大学ダラス校レイチェル・T・A・クロソンらは、とても面白い研究を発表しました。毎年行っているラジオの募金企画で、以前募金してくれた会員さんに「今年はいくら寄付するか?」を訊ねたのです。

このときスタッフはあえて、「さっきの会員さんは○○ドル寄付してくれましたよ」という他人の情報を伝えました。結果、面白いことがわかりました。

●直近で聞いた他人の寄付金額が、去年の自分の寄付金額よりも高かった場合は、平均12・08ドル寄付額が増えていた
●逆に自分の寄付金額のほうが高かった場合は、平均24・05ドル寄付額が減っていた
●ちなみに両者がぴったり同額だった場合は、平均5・46ドル寄付額が増えていた

すなわち直前に聞いた他人の先行例をもとに、はっきり態度を変えていたのです。

人はだれでもよいことをしたい気持ちはあります。でも一方で、できれば損をしたり必

要以上に身銭を切ったりしたくありません。何よりもコミュニティ内で恥をかくのはいやなものです。そのために「相場感」をとっても大切にするのです。

いかがでしたか？　社会的動物である人間は、良くも悪くもすぐに環境に自分をなじませてしまいます。「朱《しゅ》に交われば赤くなる」という諺《ことわざ》もありますね。

でも、逆に言えば、**目指すものにふさわしい環境に長時間いるだけで、いやでも目指すものにふさわしい自分になれる**と言えるのです。

ワーク

手帳を開いて、あなたの「宝地図」を眺めてみてください。もしくは「できたらいいな」リストを見てください。

そこに浮かび上がるあなたになるためには、今現在、どんな環境にいる必要があるのでしょうか？　たとえば、作家を目指しているならば、ベストセラー作家ばかりがいる環境に入れたら、間違いなく好影響を受けられますよね。

8 スタート地点にいながら、ゴールを体験できる「リアル宝地図」

とはいえ、環境のほうからあなたに近づいてきてくれることはありません。あなたのほうで積極的に探す必要があります。一体、どうすればよいのでしょうか？

私がまずおすすめしているのが、**「サービス」として提供されている環境を活用すること**です。多少の費用はかかりますが、間違いなくあなたの世界観を変え、行動を加速させてくれます。

私の体験をシェアしましょう。

独立して間もない頃、仲間と一緒に豪華客船のクルージングをしました。横浜から上海までの航海の日々は、あまりに非日常体験でした。朝昼晩はコース料理、部屋はいつもクルーが整えてくれて、タオルアートまでしつらえてあります。夜は毎晩、素敵なショーが観劇できました。

私は思いましたね。「これが成功者の日常か！」。テレビで見るような富豪の生活を、今自分がしているのです。

当時の自分は「成功してお金持ちになりたい！」という漠然とした夢がありました。でも、船の上の私はその思い描いていた夢を実際に生身のカラダで体験しているのです。

もちろん、船を降りれば、独立したての豊かとはいえない自分に戻ります。**でも、スタート地点にいるはずの自分がゴール地点にいる自分を体験できていたことは事実でした。**

もう1つ、船旅の間に素晴らしい体験をしました。

一緒に行った仲間は、みんな個性を発揮してライフワークを生きている方ばかりでした。著作を持つ方も多かったです。そんな仲間と「船の学校」というコンセプトで、互いの得意分野を教え合いました。

私も、この非日常の環境の力を借りて、はじめて本格的なカウンセリングを仲間に提供してみました。幸い絶賛をいただき、自信になったことはその後の人生に多くの刺激を与えました。

「毎日を最高に楽しんでいるだけで、いつのまにか目的地についている」

船旅体験を通して、私の胸に宿ったインスピレーションです。そんなふうに自分も生きたいし、仲間やお客様にも生きてほしいと思いました。

現在、本書を含めて、私が提供するものには、このコンセプトがベースにあります。あのときの船旅体験は、その後の私の人生をつくった最高の環境でした。

このように、あなたが未来に形にしたい「大好き」を今先取り体験して、インスピレーションを得る方法を**「リアル宝地図」**と言います。手帳に「宝地図」をつくることも十分効果はありますが、やはり全身でリアルに体験するとインパクトが違います。

キッザニア創業者のハビエル・ロペス氏は、「ワールドマーケティングサミット2016」でこんな学習モデルを発表しました。

レベル1　読めば、体験の10%が記憶に残る
レベル2　聴けば、体験の20%が記憶に残る

レベル3　写真や動画を見れば、体験の30％が記憶に残る
レベル4　実演や展示を見学すれば、体験の50％が記憶に残る
レベル5　手を動かす実習やグループ作業をすれば、体験の70％が記憶に残る
レベル6　模擬体験や体験学習をすれば、体験の90％が記憶に残る

もちろん、この数値は感覚的なものですが、とても納得ができます。

前章までの手帳術がレベル3までだとすれば、本章の「リアル宝地図」は最高ランクのレベル6に当たります。その後の自分の中に残るものがまったく違うのです。**まるで一度行ったことがある場所にまた行くかのように、目指すゴールに対して心理的なハードルがなくなる**のです。

ワーク

あなたの「できたらいいな」を体験できる場所はどこでしょうか？
それが手に入れたいものであれば、レンタルできるか調べてみましょう。行ける場所であれば、予約しちゃいましょう。

9 「リアル宝地図」は、カフェやホテルのラウンジからはじめよう

「『リアル宝地図』は面白そうだけど、お金がかかるでしょ？」

そんなふうに思う方もいるかもしれません。お気持ちはわかります。たしかに、非日常の環境を求めれば求めるほど、お金はかかりますよね。

でも、**大切なことは、あなたの感情が動くかどうか**です。その環境でゆっくり時間をすごしてみて、「こういうのはいいなぁ、ずっとやっていきたいなぁ」と心から思えることに意味があります。環境の力を借りて自分の「大好き」を再確認して、それにふさわしい自分になっていくのです。

そこで、コストを気にする方は、まずは「ゆっくり時間をすごし、その空間を味わえる」

環境を探してみてはいかがでしょうか？

私のおすすめは**「カフェ」**です。

どの街にもカフェはありますが、その中でも「大好き」に向かっていくあなたにふさわしいお店を見つけるのです。カフェにはそれぞれ内装やBGMにもこだわりがあり、展望のロケーションが素晴らしい場所も多々あります。

もちろんチェーン店でも構いません。

私はかつて、神奈川県の茅ヶ崎に住んでいたとき、駅ビルにあったタリーズコーヒーがお気に入りでした。茅ヶ崎は、昔から大好きなサザンオールスターズの桑田佳祐さんの生まれた街です。タリーズからはその茅ヶ崎の街や人を眺めることができます。街を見下ろしながらパソコンのキーボードを叩いていると、何か自分の中に満足感が溢れかえってくるのです。

現在は、神奈川県の葉山に住んでいますが、葉山のスターバックスカフェも行くたびに最高の満足感を味わうことができます。

もう1つ、おすすめが、**「高級ホテルのラウンジ」**です。

一般的なカフェよりもお値段は張りますが、そのホテルが長年培《つちか》ってきたラグジュアリーな空間を十分堪能することができます。

私がラウンジの魅力を知ったのは、知り合いのカメラマンの方から「リッツカールトンホテルで仕事をしている」と聞いたことからです。高級ホテルを仕事場にするなんて、すごくかっこいいですよね。それ以降、私はカウンセリングの場所も積極的に高級ホテルを活用するようにしました。

グランドプリンスホテル新高輪、東京ベイコート倶楽部、名古屋マリオットアソシアホテル、ホテルグランヴィア大阪、ホテル日航福岡などなど。どのホテルも哲学とホスピタリティがあり、今までの自分を忘れさせてくれるほどのエネルギーがありました。

いずれの空間もラグジュアリー空間を心の底から楽しんでいたり、真剣に学んでいる人や仕事をしている人がたくさんいます。そんな方々を見るだけで、自然とモチベーションアップや人生の楽しみ方を教わることができるでしょう。

ワーク

まずは、あなたの住む街の範囲で、あなたの「大好き」を感じさせてくれそうなカフェを見つけてみましょう。

10 あなたの未来の仲間は「読書会」でできる

さて、「場所」の話の次は「人」の話をしましょう。

あなたの周りにいる「人」は、大切な環境です。「こういう人たちっていいなぁ、自分もこうなりたいなぁ」と心から思える人と出会うことができれば、自然と影響を受けて、成長していけます。

では、そんな人たちとどうすれば出会えるのでしょうか？

私のおすすめは**「読書会に参加する」**ことです。

私は独立直後に、よく参加していました。読書会に参加される方は、とても向上心があり、自分の「大好き」に向かっている方ばかりです。そんな方々と時間をすごすことで、独立して不安だった自分に、とても勇気とエネルギーをいただきました。

読書会と聞けば、なにやら難解な本の輪読会に思え、敷居が高く感じるかもしれません。でも、読書会にはいろいろなタイプのものがあります。

たとえば、「人生を変える1冊を持ち寄って、人生が変わった体験を発表する」ようなものであれば、参加者とのコミュニケーションを交えながら楽しく取り組めるでしょう。

本の内容の理解を深めるというよりは、自分の人生の理解を深めるタイプのものがおすすめです。

また、開催場所も凝っているものがいいですね。「オシャレなカフェ」や「タワーマンションのゲストルーム」や「古民家」などなど、あなたの大好きなことや望みに近い非日常的な空間で開催されているものであれば、さらに大きなインパクトのある体験になるはずです。

ちなみに、「どこで探せばいいの?」とよく聞かれますが、まずは検索サイトで「読書会」と入力して検索してください。驚くことに実に多くの方が読書会を主宰されていることに気がつくことでしょう。私は、Facebookでイベント検索をし、参加していましたが、人生を激変させる多くの人脈とつながることができました。

もし、**自分の望む読書会が見つからない場合はチャンスです！** ぜひ、主宰されている方の例を参考にし、ご自分で主催してみてください。それも、ホテルラウンジなどの理想の環境で読書会を開催してみてください。あなたの周りにかけがえのない理想の仲間が集ってきますよ。

ワーク

あなたの好きな本のタイトルで検索して、あなたの大好きなことを実現している人が理想の環境で読書会を開催しているかを調べてみましょう。

11 最後のメッセージ「決めれば、すべてが動き出す」

最後の大事なワークをしましょう。それは、**「決断」**です。

次の4つのことを、今この場で宣言してください。

●自分はこれから一生、「大好きなこと」に向かっていくと決める
●自分はこれから一生、「望むものをすべて手に入れる」と決める
●自分はこれから一生、「いつも幸せであり続ける」と決める
●自分はこれから一生、自分のことを世界一大切にすると決める

できるかどうかは考えないでください。**決めて、宣言する。それだけで構いません。**

人間は「決断」の生き物です。ケンブリッジ大学のバーバラ・サハキアンの研究によれば、私たちは一日に最大3万5000回の決断をしているとのことです。平均すれば、0・4秒に1回は何かを決めているのです！

ちなみに、コーネル大学のブライアン・ワンシンクの研究によれば、食事に関してだけでも（「ランチは何食べようかな？」「どの店に行こうかな？」など）、一日に平均227回の決断をしているようです。


でも、ちょっと考えてみてください。

あなたは今朝からこの文章を読むこの瞬間まで、自ら意図して決断したものを覚えていますか？　特に「だれがなんと言おうと、これはやるぞ！」と決めたものはありましたか？

おそらくないはずです。それだけ私たちは無意識レベルで昨日と同じことの繰り返しを生きています。

しかし、これはもったいないことだと思いませんか？　実は、**何かを意識して決めることで、とてつもなく現実を変える大きなエネルギーが湧いてくる**からです。

私の経験をシェアしましょう。

2011年、私は多くの仲間と夢実現メソッド「宝地図」を学び、指導資格も取得しました。その修了式で、みんなの前で決意を宣言しました。

「来週、私は起業します！」

温かい祝福の中での船出でした。

しかし、すぐに現実に直面します。商品を売り出したものの、だれもお客さんが来ず、売上が0なのです。困りました。でも、宣言した手前、すぐにあきらめるわけにいきません。できることは全部やろう。私は交流会に顔を出しまくるとともに、Facebookをはじめました。とにかく「神戸正博」という存在を知ってもらうためです。

私が行ったことは、毎日「笑顔の写真」とともに記事を投稿することでした。意味があるかどうかなんてわかりません。でも、私は決めました。**「これから1000日間、読者に笑顔を届けよう！」**。そのうちに、交流会で会う人から「いつも見ていますよ！」と声をかけられるようになりました。

それから一年半後、私はご縁あって、あるイベントに講師として登壇します。なんとか役割を終え安心していると、主催者からこんなことを言われました。

「お疲れさまでした。神戸さんのブースはあちらですよ」

どうやら登壇した講師は、会場内でブース出店を無償でできるということでした。事前にお知らせはあったはずですが、私はすっかり忘れており何の準備もありません。主催者が用意してくれたのは、長机一台だけ。見渡せば、どこのブース出展者も看板やノベルティを準備しています。


仕方がありません。気持ちを切り替えた私は、A4用紙を三角形に折って看板をつくり、そこに「カウンセリング体験500円」と手書きをしました。そして、いつものようにFacebookに投稿しました。「これから、神戸のブース出展がはじまりますよ!」と。

すると、驚くことがおきました。休憩気分でいた私の前に次々人が集まり、長蛇の列ができたのです。なんと投稿した記事を見た方が、「一日、神戸に会いたい」ということで、わざわざ来場してブースまで来てくれたのでした。

さらに、面白いことが起きました。あきらかに準備不足な私のブースの盛況ぶりに驚いた隣のブース出展者の方から、「どうやったのですか?」という質問をいただいたのです。結果として、その場でその方から起業してはじめてのコンサルティング契約をいただけたのです!

なぜこんな現象が起きたのでしょうか？　そのヒントとなるのが、２０１３年、玉川大学で行われた実験です。35名の参加者にストップウォッチを渡して、５秒ぴったりに止められるか正確性を競うゲームを行いました。

実験では、競技に使うストップウォッチを自分で意識して決めた参加者は、決めなかった参加者よりも、高いスコアをあげていました。さらに彼らの競技中の脳の様子を計測したところ、以下の現象が確認されました。

A　意思決定に関する部位が活性化し、失敗しても、あきらめにくくなっていた
B　行動動機に関する部位が活性化し、脳のやる気スイッチがオンになっていた
C　準備を促す部位が活性化し、新しい活動への切り替えがうまくなっていた

あのときの私も、決断により脳が前向きに覚醒し、問題に粘り強く取り組めたのです。才能や遺伝や経歴は関係なく、「決めた」という事実のみが、１０００日間続くエネルギーを私に与えてくれたのでした。

ちなみに、笑顔投稿１０００日目ちょうどに、カウンセリングサロンをオープンするこ

とができました。まさに満願成就です。

近年では、**人生の大事な局面を自分で決めると、「幸せ」を感じやすくなる**ということもわかっています。

２０１８年、独立行政法人経済産業研究所は、２万人の日本人男女の幸福観をアンケート調査しました。結果、高校・大学への進学や新卒時の就職を自分の意思で決めた人ほど、高い幸福感を感じやすい傾向がわかりました。これは実際の学歴や職歴といったステータスによる影響を上回るものでした。

ワーク

今後やりたいと思ったことは、全部「やる！」と決めましょう。決めた瞬間を全身で表現して、脳に刻みこみましょう。

たとえば私は、腕を引いてかがんだあと、ゆっくり上体を起こしながら「よしっ！」と強く声にしています。ぜひ試してみてください。

あなたの出発を心から祝福します。いってらっしゃい！

本章のポイント

- ●「大好き」に向き合い続けるためには、周りの「空間」が大切
- ●あなたの選択の9割は、これまで見てきたものに影響されている
- ●目に入る空間すべてを、あなたの「大好き」につなげていこう
- ●自分の部屋にあるものを見直し、再選択しよう
- ●手に入れたとき高価だったものほど、本当に必要か、向き合おう
- ●外の環境では、「周りに何があるか」と「周りにだれがいるか」に注意しよう
- ●あなたの形にしたい「大好き」を先取り体験できるのが、「リアル宝地図」
- ●まずは、カフェやホテルのラウンジで非日常体験をしてみよう
- ●「大好き」に向かい合う仲間がほしければ、「読書会」に参加しよう
- ●やると決めた瞬間、あなたの脳は覚醒する。1つでも決めよう

あとがき

未来の自分から感謝される決断を、この瞬間に行う

数年前のことです。掃除をしていたら、20代の頃書いていた手帳を見つけました。本書のメソッドの原型となったものです。

とても驚きました。普通であれば、懐かしさに任せてじっくり読みたくなるはずです。

しかし……私はなかなかページを開くことができませんでした。怖くてたまらなかったのです。

本書でも散々書いてきたように、20代の私の人生は下降一直線。仕事は上司との不和でうまくいかず、当時の妻との結婚関係は冷めきり、オンラインゲームとパチンコにひたすら逃避をしていました。その挙げ句、28歳で失業。

見つかった手帳は、ちょうどそんな人生のどん底で書いていたものです。中身はきっと、周囲の人や社会への不満や自己嫌悪が延々と書いてあるはずです。そんなネガティブなものを思い出す必要はあるのか？　このまま廃棄したほうがいいとすら思いました。

でも、気になって仕方がありません。私は恐る恐るページをめくりはじめました。すると、しばらくして私の目からは涙がこぼれてきたのです。

そこに書いてあったことは、恨み節でも自己嫌悪でもありませんでした。

1「今日もよかった」
2「明日はもっとよくなる」
3「次はこれにチャレンジしてみよう！」

日々そんな自分を鼓舞《こぶ》するポジティブな言葉ばかりが、つづられていたのです。当時の私は「このままどうにでもなれ！」と半ば投げやりに生きていたと思っていました。でも、実際は毎日、ひたすら前向きに１歩１歩進んでいたのです。

私はそんな過去の自分がとても愛おしくなりました。そして、それを教えてくれた手帳の存在意義に改めて感動したのです。

結局、人間はどこまでいっても前向きです。自分の意思で自分を壊そうとしないかぎり、どんな状況でもそこから1歩1歩進んでいけます。

私たちは自分で見積もっている何百倍も強いのです。自分のことを本当に愛して信じることができれば、人生は自然にうまくいくのです。

だから、そんなスゴイ自分をだれよりも愛してあげましょう。

そして、どうせ前向きでいるならば、進んでいく「前」に何があってほしいのか、どんな「大好きな人生」を体験したいのか、しっかり時間をとって考えましょう。本書はそんな想いで書かせていただきました。

私にとっては、本書は20代の頃の私に関わり支え救ってくれた方々への感謝状です。

あなたも同じです。本書の内容を今日から少しずつ実践されれば、あなたが進むべき「大好きな方向」がどんどん明確になっていきます。

そして、多くの人と出会っていき環境を整えていけば、自然に楽しくそこに到達できるはずです。

そんな日々を5年後、10年後振り返ってみると、過去の自分に感謝の気持ちが浮かび上がってくるでしょう。

未来の自分から感謝される毎日を、今から一緒に作ってみませんか？　あなたのこれからのご活躍を心から確信しております。

「自分がこうありたいと思う人間でなければ、自分自身を愛せなくなってしまう」

（マルクス・アウレリウス）

最後になりますが、本書の出版までに本当に多くの方々のお世話になりました。

本書の企画をご提案いただき、編集にいたるまで最高のサポートをいただだいた廣済堂出版編集部部長伊藤岳人様には、心からの感謝を申し上げます。

企画案から文献の調査や原稿の完成までともに進めてくれたヴォルテックス企画開発部の岡孝史さん、山野佐知子さんには感謝でいっぱいです。

さらには、日々「最上を追求し続ける人を増やし、人々の意識をアップデートする」をミッションに活動している望月俊孝さん、望月千恵子さん、望月俊亮さん、遠藤隆弘さん、を筆頭とするヴォルテックスのスタッフに心より感謝申し上げます。

そして、いつも私を温かく愛で包んでくれ、生きる意味を与えてくれる最愛の妻と娘。この世に生を授けてくれた最愛なる両親へ最大の感謝を込めて。

神戸正博

参考文献

第1章　大好きに向き合うだけで、うまくいく

・Sheldon, K. M., Jose, P. E., Kashdan, T. B., & Jarden, A. (2015). Personality, effective goal-striving, and enhanced well-being: Comparing 10 candidate personality strengths. Personality and Social Psychology Bulletin, 41(4),

・Todd B. Kashdan & Paul J. Silvia (2009) Curiosity and Interest: The Benefits of Thriving on Novelty and Challenge. In book: Handbook of Positive Psychology (pp.367-375)Publisher: Oxford University Press

・Kawamoto, T., Ura, M., & Hiraki, K. (2017). Curious people are less affected by social rejection. Personality and Individual Differences, P.105, 264–267

・Jesse Gomez, Michael Barnett & Kalanit Grill-Spector (2019) Extensive childhood experience with Pokémon suggests eccentricity drives organization of visual cortex.Nature Human Behaviour volume 3, P.611–624 (2019)

・「Forbes JAPAN(フォーブスジャパン)」２０２０年２月号P.32–34

第2章　手帳を使って、いつでも「大好き」から刺激を受けよう

・『スタンフォードの脳神経科学者が証明！　科学がつきとめた「引き寄せの法則」』P.236～237　ジェームズ・ドゥティ（著）　ＳＢクリエイティブ

・The Power of Fifty Bits: The New Science of Turning Good Intentions into Positive Results, Bob Nease

・Imagery and Perception Share Cortical Representations of Content and Location(2012)Radoslaw M. Cichy, Jakob

Heinzle, John-Dylan Haynes Cerebral Cortex, Volume 22, Issue 2, February 2012, P.372–380

- https://news.mynavi.jp/article/20240508-2941369/
- https://www.rbbtoday.com/article/2024/05/04/219636.html
- https://president.jp/articles/-/59319?page=3
- https://www.fastcompany.com/27953/if-your-goal-success-dont-consult-these-gurus
- https://ask.library.yale.edu/faq/175224?
- https://ugmconsulting.com/do-written-goals-really-make-a-difference/Matthews, Gail (2007) "The Impact of Commitment, Accountability, and Written Goals on Goal Achievement" Psychology | Faculty Presentations.
- D'Argembeau, A., Renaud, O., & Van Der Linden, M.(2011). Frequency, characteristics and functions of future-oriented thoughts in daily life. AppliedCognitive Psychology, 25(1), P.96–103
- https://newatlas.com/medical/first-recording-dying-human-brain-activity/
- George Loewenstein,Dan Ariely and Drazen Prelec(2003)"Coherent Arbitrariness": Stable Demand Curves Without Stable Preferences.February 2003 Quarterly Journal of Economics 118(1): P.73-105
- Barbara L. Fredrickson & Marcial F. Losada (2005) The Positive Affect and the Complex Dynamics of Human Flourishing. October 2005 American Psychologist 60(7):678-86
- Paul Dolan (2011) Happiness questions and government responses: A pilot study of what the general public makes of it all.Dans Revue d'économie politique 2011/1 (Vol. 121), P.3–15
- Daniel T. Gilbert, Elizabeth C. Pinel, Timothy D. Wilson and Stephen J. Blumberg(1998)Immune Neglect: A Source of Durability Bias in Affective Forecasting. September 1998 Journal of Personality and Social Psychology 75(3):617-38

・Lyubomirsky, Sonja; King, Laura; Diener, Ed The Benefits of Frequent Positive Affect: Does Happiness Lead to Success?

・Savoring: A New Model of Positive Experience　by Fred B. Bryant and Joseph Veroff

・Martin Oscarsson,Per Carlbring, Gerhard Andersson, Alexander Rozental (2020) A large-scale experiment on New Year's resolutions: Approach-oriented goals are more successful than avoidance-oriented goals. PLOS ONEDecember 9, 2020

第3章　「宝地図」で、手帳をさらにグレードアップさせよう

・Tinuke Oluyomi Daniel, Christina M. Stanton, and Leonard H. Epstein(2013)The Future Is Now: Reducing Impulsivity and Energy Intake Using Episodic Future Thinking. Psychol Sci. 2013 Nov 1; 24(11): 2339–2342

・William H. Hampton, Nima Asadi and Ingrid R. Olson (2018) Good Things for Those Who Wait: Predictive Modeling Highlights Importance of Delay Discounting for Income Attainment. Front. Psychol., 03 September 2018

・Gary P. Latham and Ronald F Piccolo(2012)The effect of context-specific versus nonspecific subconscious goal on employee performance. Human Resource Management 51(4)

・https://www.dailymail.co.uk/sciencetech/article-2542583/Scientists-record-fastest-time-human-image-takes-just-13-milliseconds.html

・https://mydailymagazine.com/lilly-singh-teaches-you-how-to-properly-make-a-vision-board/

・https://www.youtube.com/watch?v=AkFhwlRZwf4

・https://www.tiktok.com/@gadischwartz/video/6788875135593073926

・https://www.etonline.com/tiktok-star-charli-damelio-on-her-dream-come-true-dance-with-jennifer-lopezexclusive-140744

・https://sydurbanek.substack.com/p/decoding-beyoncs-self-titled-vision

・https://www.doseofbliss.com/celebrities-whose-vision-boards-came-true/

・https://contentsparks.com/133522/5-famous-people-with-vision-boards/

・https://www.mindbodygreen.com/0-20630/8-successful-people-who-use-the-power-of-visualization.html

・『ミランダ・カー／トレジャーユアセルフ』ミランダ・カー（著）　トランスメディア

・https://www.mydomaine.com/miranda-kerr-malibu-house-tour-5193509

・https://www.doseofbliss.com/celebrities-whose-vision-boards-came-true/

・https://www.doseofbliss.com/celebrities-whose-vision-boards-came-true/

・https://www.prnewswire.com/news-releases/visualizing-goals-influences-financial-health-and-happiness-study-finds-300207028.html

・https://www.cnbc.com/2019/11/22/visualization-that-helps-executives-succeed-neuroscientist-tara-swart.html

・Andrew Steptoe and Daisy Fancourt(2019)Leading a meaningful life at older ages and its relationship with social engagement, prosperity, health, biology, and time use.Proceedings of the National Academy of Sciences 116(4):201814723

・https://www.psychologicalscience.org/news/releases/unconscious-face-detection.html

・『説得とヤル気の科学　最新心理学研究が解き明かす「その気にさせる」メカニズム』P.32　Susan Weinschenk（著）　武舎広幸、武舎るみ（訳）　オライリー・ジャパン

・『すばらしきアカデミックワールド　オモシロ論文ではじめる心理学研究』P.2-5　越智啓太（著）　北大路書房

・『スイッチ！「変われない」を変える方法』P.101–105　チップ・ハース&ダン・ハース（著）　千葉敏生（訳）　早川書房

第４章　大好きに向かうための「空間」をつくる

・https://sub.garrytan.com/its-not-the-morphine-its-the-size-of-the-cage-rat-park-experiment-upturns-conventional-wisdom-about-addiction

・『僕らはそれに抵抗できない「依存症ビジネス」のつくられかた』P.95–100　アダム・オルター（著）　上原裕美子（訳）　ダイヤモンド社

・https://www.businessinsider.com/ex-googler-slams-designers-for-making-apps-addictive-like-slot-machines-2016-5

・『ジェームズ・クリアー式 複利で伸びる１つの習慣』P.102　ジェームズ・クリアー（著）　牛原眞弓（訳）　パンローリング株式会社

・Tsay, C. J. (2013). Sight over sound in the judgment of　music performance. Proceedings of the National Academy of Sciences of the United States of America,110(36), 14580–14585.

・『インビジブル・インフルエンス 決断させる力』　P.2, P.13–16　ジョーナ・バーガー（著）　吉井智津（訳）　東洋館出版社

・Susanne Schmidt and Martin Eisend (2015) Advertising Repetition: A Meta-Analysis on Effective Frequency in Advertising.Vol. 44, No. 4 (October–December 2015), P.415-428 (14 pages)

・Sahakian, B. J. & Labuzetta, J. N. (2013). Bad moves: how decision making goes　wrong, and the ethics of smart drugs. London: Oxford University Press

- Wansink, B. & Sobal, J. (2007). Mindless eating: The 200 daily food decisions we overlook. Environment and Behavior, 39:1, P.106-123
- Kou Murayama, Madoka Matsumoto, Keise Izuma, Ayaka Sugiura, Richard M. Ryan, Edward L. Deci and Kenji Matsumoto (2015) How Self-Determined Choice Facilitates Performance: A Key Role of the Ventromedial Prefrontal Cortex.Cerebral Cortex, Volume 25, Issue 5, May 2015, Pages 1241–1251
- https://www.kobe-u.ac.jp/ja/news/article/2018_08_30_01/
- Olivola, C. Y. (2018). The interpersonal sunk-cost effect. Psychological Science.
- https://www.fastcompany.com/90796928/why-quitting-on-time-is-key-to-winning-at-work

神戸正博（かんべ まさひろ）

「傾聴の学校」主宰者。

1979年、東京 足立区生まれ。

高専機械科卒、金属加工職人出身の異色のカウンセラーであり「傾聴」のプロフェッショナル。

20代の工場勤務時代、人間関係・結婚・職場において、次々と失敗を経験。ストレスで体重が13Kg減、借金200万円、そして離婚……すべてにおいて望まない結果を引き寄せる。自殺未遂、ホームレス、ネットカフェ生活を経験後、野垂れ死ぬ直前に両親に救われる。

その時期に、11歳の頃『ソフィーの世界』を読んだときに芽生えた【人が幸せになるための設計図をつくりたい】というビジョンを思い出す。

その後、古典心理学、最新の認知科学、心理療法、マインドフルネスを統合し、努力に頼らない「書くだけ」「見るだけ」の自己実現メソッドを開発し、20年間でのべ10,000人の受講生が実践する。さらに「傾聴の学校」の主宰者として、11年間で2,200人のセラピストを育成する。また、筑波大学、十文字学園女子大学、郡山女子大学、埼玉県教育委員会などの日本各地の教育機関で、「傾聴」についての授業をする。

自分自身も本書のメソッドを一番に実践し、講師デビューわずか3年目で、東京ビックサイトで行われた3,000人のイベントで世界的講演家ニック・ブイチチ氏と共演を果たす。また、私生活では、理想の女性の条件として掲げた36項目のうち33項目を満たした理想のパートナーとの結婚を実現し、愛娘を1人授かる。

著作に、駅ナカ書店で全国7位になった『「うまく相談できない自分」にサヨナラする本』（イースト・プレス）、アマゾンカテゴリー新着ランキング19部門で1位になった電子書籍『自分らしくサラリと夢を叶える手帳術』などがあり、いずれも願望実現習慣を伝え続けている。

現在は、最愛の妻と1児の娘とともに、東京港区のタワーマンションと神奈川県葉山の2拠点生活をおくる。趣味は、週1回のサーフィン。毎日の朝のコーヒーが何よりのエネルギー源。

「書くだけ」「見るだけ」で幸せになれる魔法の習慣
紙1枚からはじめる夢のかなえ方

2025年2月10日　第1版第1刷
2025年2月26日　第1版第3刷

著　者　　神戸正博

発行者　　伊藤岳人
発行所　　株式会社廣済堂出版
〒101-0052
東京都千代田区神田小川町2-3-13 M&Cビル7F
電話　03-6703-0964（編集）
03-6703-0962（販売）
Fax　03-6703-0963（販売）
振替　00180-0-164137
URL　https://www.kosaido-pub.co.jp/

印刷・製本　三松堂株式会社

装幀　小口翔平＋村上佑佳（tobufune）
本文デザイン・DTP　清原一隆（KIYO DESIGN）
取材・構成　岡 孝史

ISBN978-4-331-52425-1　C0095